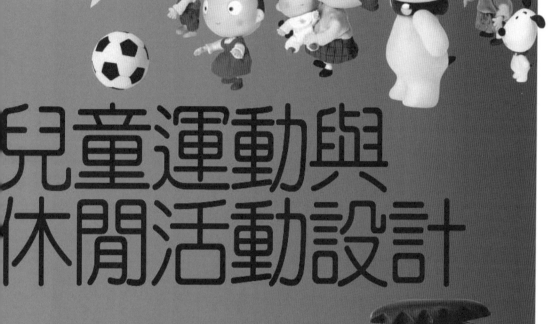

兒童運動與
休閒活動設計

The Planning of Sports and
Recreation activity for Children

尚憶薇◎著

五南圖書出版公司 印行

目　錄

第3篇　休閒活動設計　111

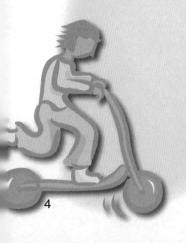

表目錄

圖目錄

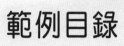

範例目錄

第 **1** 篇

兒童教育理論

緒　　論

　　由於科技日新月異，經濟迅速成長，以及價值觀念變遷，造成社會結構體的改變，過去農業社會男主外、女主內，以及多子多孫多福氣的概念，在現今臺灣這種概念已經被顛覆。根據行政院主計處（2006）的統計數據顯示，由於經濟環境變化，婦女教育程度提升，使得職業婦女的比率由 1979 年的 32.1% 增加到 2003 年的 50.5%，超過半數婦女成為職業婦女，雙薪家庭的型態成為現今臺灣社會的主流。家庭收入水準增多，但是相反的每戶人口數卻從 1961 年平均 5.57 人到 2006 年降至每戶為 3.11 人（行政院主計處，2006）。臺北市 72 年至 93 年的統計指出，臺灣的總出生率由 72 年的 22 ‰ 減至 93 年的 9.08 ‰（聯合報，2005b）。出生率逐年遞減的原因，包括：(1)婦女就業工作時間與壓力增加，無多餘的時間與體力照顧小孩；(2)雖然家庭收入增多，但是教育費用和生活開銷逐年增高，使得夫妻害怕養不起小孩；(3)擔心社會太亂小孩無法安全成長；(4)事業太忙無暇照顧等等。上述因素造成現今社會少子化現象日益嚴重，改變家庭結構，父母對於獨生子女的各方面發展更為重視，也讓兒童相關產業蓬勃發展。

　　在美國，根據國家慢性疾病預防和健康促進中心的統計數字指出，1994 年兒童肥胖的比率是 1980 年的兩倍，也就是說兒童的體重日趨增加，兒童和青少年體重過重和肥胖的人口數由 10% 增至 15%。近年來臺灣地區兒童的營養過剩，體重有逐年上升的趨勢。教育部指出，臺灣地區兒童的體重與鄰近的日本、大陸、韓國兒童相比偏重。目前臺灣地區國小孩童的肥胖總比率高達四成，男學童的肥胖占 28.8%，女學童的肥胖比率則為 20.7%（中國時報，2006）。根據 Kelly（1985）的研究指出，美國 18 歲以下青少年及兒童每天大約花費 2 小時 46 分鐘在看電視、29 分鐘在使用電腦與上網、20 分鐘在玩電視遊樂器。被動式休閒活動容易導致運動行為的降低，對青少年階段發育及健康情況不僅會產生不良的影響，一旦青少年時期養成不參與體育運動的行為，容易持續被動式的生活模式，進而影響成年階段的生活型態。因此，如何養成兒童持續參與體育活動和達到積極動態的生活型態是近幾年來重要的議題。

　　另一方面，最近教育部針對 7 至 10 歲的兒童做有關動作協調能力的調查，發現每四位兒童就有一位動作協調能力不足的問題，比美國同年齡學齡前兒童高出四倍（中時晚報，2002b）。教育部委託研究指出，動作協調障礙與學童久坐式的生活型態和缺乏足夠的運動量有關係。現代兒童不論是在家或是在學校，大多數的時間都花在看電視和玩電腦，很少時間在從事體能運動。Marcus、Selby 和 Rossi（1992）認為，青少年和兒童的基礎動作和運動技能發展較差之原因，最主要是在於學齡前兒童沒有學習適當的運動技能。另外，依據林曼蕙教授的研究指出，臺灣地區兒童的體能與發育狀況均比日本學齡前兒童差，且臺灣地區兒童的肥胖率逐漸增加，體能狀況也有逐漸下滑的趨勢（自立晚報，2002）。因此，體育學者認為培養兒童日後參與體育活動的興趣，並養成規律運動的好習慣，基礎動作和運動技能發展成為重要性的發展目標。

　　每年一到放寒、暑假的時刻來臨，許多家長開始為即將展開長達一、兩個月的假期傷腦筋，雙薪家庭的父母都必須上班，無法在家陪伴孩童，造成孩童無人監督或無處可去的現象產生。根據教育部統計，超過 20% 的孩子寒暑假都獨自一人在家中，他們常以看電視、上網及打電動打發時間（聯合報，2005b），長時間坐在電視和電腦前，會變成久坐式的生活型態，影響孩童的健康體能。根據一項兒童暑假期望從事活動的統計調查指出，兒童期望暑假的活動類型包括到國內外旅遊、參加暑假營隊及去朋友家玩等。然而，兒童在暑假實際從事的活動則是寫作業、學才藝等。為了讓孩童能夠享受快樂的童年、獲得豐富的成長經驗和健健康康的身心，家長應格外關注兒童的體能活動，並妥善的安排他們的寒暑假。因此，專為兒童設計的休閒活動相關產業，例如寒夏令營、週休二日營、減重控制班等成為新興趨勢。

　　本書將分為兩大部分，第一部分以基礎動作教育為架構，從幼兒教育學者的理論出發，首先瞭解幼兒教育學者對於幼童教育的看法及其影響；然後針對兒童的身體發展、兒童的認知行為及兒童的社會行為做進一步介紹；其次，瞭解基礎動作教育的範圍與概念；最後，依據兒童各

階段的發展特性，設計符合適性、適齡的體育活動與課程。第二部分以休閒活動設計為架構，首先瞭解休閒活動的功能及遊戲對於兒童的助益；進而瞭解休閒活動的基本要素，每個基本要素都是影響活動成功的重要因素。休閒活動規劃者依據休閒活動七個規劃步驟、六大活動範圍和核心價值，為兒童設計出整體性、樂趣性和個別性的休閒活動。

第一章

兒童教育理論
與教學策略

第一節 兒童教育學者及基礎理論

自 1837 年福祿貝爾成立第一所幼稚園開始，幼兒教育理論的發展自今已經有百餘年的歷史，多數兒童教育學者提倡以兒童為本位的教育理念，下列將介紹盧梭、蒙特梭利、福祿貝爾及杜威的兒童教育理論（朱敬先，1992；盧美貴，1988）。

壹 盧梭

盧梭出生於瑞士，早年寄養在舅父家中，在青少年叛逆時期逃離家中開始流浪生活。一直到認識了華倫夫人之後，對盧梭愛護有加，不只讓他學習音樂，而且接受哲學、科學、教育領域方面的知識。盧梭對於兒童教育的主張可從《愛彌兒》一書中瞭解，但由於盧梭並沒有認真盡到照顧子女的責任，因此想描寫一位理想兒童在成長階段所受的理想教育。盧梭認為兒童在年幼時期應以身體養護為主，自然學習發展，進而透過感官訓練教導其技能知識。

一、教育思想

兒童教育順其自然，以兒童為本位。兒童的身心發展有其自然之規律，違背自然發展為不良之教育。兒童時期不適於文字的教授，主張體育活動。

二、思想貢獻

1. 以兒童為教育中心，不以教材為中心。
2. 重視兒童的身體活動，激勵腦部發展。
3. 重視兒童個性，依個別差異因材施教。

三、教育內容

盧梭最具代表的著作有《愛彌兒》一書,此書為教育小說。在《愛彌兒》一書中,將愛彌兒的成長分為五個階段,各階段的教育內容如下:

1. 嬰幼兒教育

出生到 5 歲的嬰幼兒應以身體養護為主,不需過於在意知識與道德的教育,重視嬰幼兒的天性,強調身體利益與自由發展,不可以限制他們的心靈自由。

2. 學齡前與學校教育

5 歲到 12 歲兒童的教育強調感官訓練,利用兒童的五感(聽覺、觸覺、視覺、嗅覺、味覺)接觸外界實物,訓練兒童觀察和表達的能力。盧梭認為 12 歲之前不需要透過課本學習,而是藉由戶外教育來教導兒童,讓兒童自由的在大自然中學習。

3. 青少年教育

12 歲到 15 歲的青少年注重知識教育和手工藝教育,漸漸開始教導知識,啟發青少年的好奇心和求知慾。另一方面,青少年需學習一技之長,獲得謀生能力。

4. 青年教育

15 歲到 20 歲的青年是由青少年轉為青年的階段,開始學習感情教育,瞭解人我的關係和社會技巧。

5. 女子教育

女子不需研究高深的知識,應該以學習家政、音樂為優先,可取悅男子。

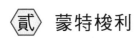 蒙特梭利

　　蒙特梭利為義大利女子醫學博士第一人，早期蒙特梭利致力於醫學並負責兒童精神方面的診斷，由於長期與兒童接觸漸而對於兒童教育研究產生興趣，並於 1907 年在羅馬貧民區創辦兒童之家。蒙特梭利認為教育是由教師、學生、環境所組成的一個三角形，彼此之間相互影響。

一、教育思想

　　孩子是教育的主體，教師是教育的媒介，環境是教育的工具。孩子的知識是來自於教師與環境。

二、思想貢獻

1. 重視兒童自動自發的學習，反對以獎勵和懲罰作為學習動機之手段。
2. 提倡個別化教育。
3. 重視感覺教育，增加兒童認知發展。

三、教育原則

1. 自由原則

　　教師不可以強迫兒童服從，應以兒童的興趣和個人需求為教學主體，讓兒童自由發展。

2. 義務或責任原則

　　讓兒童學習管理自我事務，培養兒童的責任感及群居能力，並設計高成功率的活動，以滿足兒童愉悅的學習環境。蒙特梭利依據在兒童之家的觀察發現，兒童身心不斷的發展變化，因此強調兒童教學應包含下列內容：

(1) 體育訓練：兒童的身體發育尚未完全發展，特別是學齡前的兒童。因此藉由訓練兒童基本的體育活動能力，以增進兒童的身心發展，並培養兒童在成長過程中良好的運動習慣。

(2) 感官訓練：透過眼看、耳聽、手摸，增進兒童辨別、比較、判斷的能力，認知動作可藉由感官訓練提升兒童感覺統整和創造思考的能力。

(3) 認知訓練：各種基本觀念、語言能力訓練和社會能力發展之教導，可增加兒童認知範圍。兒童經由語言訓練學習字母辨認、表達能力、書寫能力，並且從社會能力發展中習得自我概念、自我價值和互助合作。

(4) 生活訓練：兒童的日常生活養成，往往是在進入幼稚園和托兒所之後開始學習。日常生活上的技能教導是讓兒童親自操作在日常生活中所碰到的一些事務，養成兒童良好的生活習慣和禮儀規範。

參 福祿貝爾

福祿貝爾被稱為幼教之父，他出生於德國，從小失去母親，在成長過程中缺乏母愛，造成日後全力投入兒童福利，成立第一所幼稚園。福祿貝爾將學校比喻為花園、教師喻為園丁、兒童喻為花草，教師必須細心照顧兒童，才能使其自然健康的發展。

一、教育思想

兒童的成長應該以自由為原則，讓兒童在學習的過程中，依據自我的興趣循序漸進的自我發展，並且鼓勵兒童從自我觀察瞭解事物間的關係，從中獲得經驗，有助於兒童的潛能發展。此外，教導兒童瞭解自己與社會的關係，學習團體的互動，以增進社會化技巧。

二、思想貢獻

1. 重視兒童教育、兒童人格思想。
2. 重視兒童自我活動的存在、內部的創造力。
3. 重視兒童個別與團體活動。

三、教育內容

1. 重視遊戲

透過遊戲提供兒童樂趣、自由、滿足的心靈發展，福祿貝爾認為遊戲可以啟發兒童的創造力和想像力，而且提升身體健康、社會合作和心靈成長。運動遊戲可提供下列特色：(1)圓圈的遊戲，讓兒童在自我的空間中，自由發展；(2)詩歌的遊戲，讓兒童隨著音樂的節奏，學習身體律動；(3)團體的遊戲，讓兒童藉由團體活動，由內向外展開人際關係，學習社會技巧與責任感。

2. 重視恩物（玩具）

透過遊戲性的恩物（球、積木）和作業性的恩物（例如剪貼、摺紙），訓練兒童大小肌肉的發展和感覺統整的能力，並且啟發組織、聯想和認知能力。

肆 杜威

杜威出生於美國，因其家長從小對於小孩的教育重視，以至於日後成為哲學家、教育家和心理學家，並致力於學術與教育領域。杜威創辦完全實驗學校，創學之初著重於小學教育，後來慢慢的延伸至大學教育。杜威曾到過許多國家考察教育制度，並與各國互相交流教育心得，使得一些國家受到杜威的教育思想影響，倡導教育革新之理念。

一、教育思想

杜威提倡「生活即是教育、教育即是生活」，從日常生活和大自然中學到怎樣生活，影響特別深遠。兒童的教育應完全取決於日常生活，將學校所教授的內容與日常生活結合，提升兒童的學習動機，變成一個完整的知識。兒童透過「做中學、學中做」的學習經驗累積知識，不斷的成長發展。此外，杜威認為人人有受教育的權利，教育應該依據個別性差異，提供適性的教學方法，以促進社會化之發展。

二、思想貢獻

1. 教育與生活發展密切。
2. 教育即經驗的改造，由行而學的方法。
3. 教育應重視個別性發展。

三、教育內容

1. 發展問題、啟發思考

透過兒童在生活中所發現的問題作為教材之依據，引導兒童自己去尋求答案，在嘗試學習中獲得理解，以提升問題解索的能力，增進邏輯思考的發展。

2. 培養兒童社會技巧

從生活中教導兒童的社會技巧，讓兒童從中瞭解同儕間互助合作和友愛的重要，以個人為取向無法創造最大利益，藉由社會技巧提升團隊合作精神，並齊心達成共同目標。

第二節 ⚽ 兒童教育學者倡導之教學策略

綜合上述的兒童教育學者所提出之理論，歸納下列幾點兒童教育之教學策略，藉以提升兒童的學習成效。

壹 創造性、啟發性

依據兒童教育原則中所提及，教師應以提升兒童興趣和參與動機為重要的教學目的，絕不可以強迫兒童參與任何的活動，應給予學習自由的空間。在教學中，教師可以藉由遊戲化的動作技能教學提升學齡前兒童的興趣，讓兒童在快樂的學習氣氛下參與活動，以培養日後兒童持續良好的學習習慣。另一方面，教師也可以將問題解索的遊戲，設計於教學中，啟發兒童思考與表達的能力。

貳 漸進性、個別性

兒童教育倡導個別化教育理念，教學必須依據兒童身體發展與智力程度的個別差異設計多樣性的教學目標與評量。學齡前兒童的學習應由簡易感覺統整教學漸進移轉至困難認知理解教學，當兒童具備基礎的知識，可配合各種學科領域的應用。

參 知識性、情意性

兒童教育重視感覺教育與認知發展，透過遊戲教學與學科領域認知結合，不只讓兒童將學術認知技能應用於遊戲中，而且直接增強兒童認知技能的效果。黃政傑（1996）指出肢體語言的動作表現可以提升腦力激盪、增進智能發展，例如讓兒童利用身體拼出英文字母和組合英文單

字，或是將數學的計算形式運用於教學中培養兒童的數字概念。此外，透過遊戲教學也能夠增加兒童與同伴互動的機會，學習社會技巧和團隊合作的情意技能。

1. 試詳細說明各兒童教育學者的教育觀點與貢獻。
2. 探討各兒童教育學者的教育內容為何。
3. 在兒童教育中，列舉有哪些適性的教學策略，以有效提升兒童學習成效？

第二章

兒童基礎
全人發展與特性

第一節  兒童的學習特徵

學齡前兒童意指 3 歲至 6 歲階段之兒童，此階段的兒童脫離家庭教育，進入幼稚園與同儕一起接受教育。為學齡前兒童設計幼稚園課程時，必須先瞭解他們下列幾點的學習特徵（朱敬先，1992）。

壹 好動性、好奇心強

3 歲到 6 歲階段的學齡前兒童體力充沛，常常看到兒童跳上跳下，沒有一刻休息。另外，對於新的事物有強烈的好奇感，他們喜歡問大人為什麼或是這個是什麼，也喜歡學習自己覺得有趣的事情。

貳 模仿力強、想像力豐富

學齡前兒童的學習模仿能力強，能夠模仿大人的一舉一動及說話的語氣。

另一方面，學齡前兒童的想像力豐富。對於新鮮新奇的事物都能用他們的想像力來增加認知範圍。

參 喜歡被稱讚、注意力短

注意力短是學齡前兒童的特性。由於學齡前兒童從事每一件事都喜歡吸引老師和家長的注意，並且從中獲得讚美。學齡前兒童在被稱讚後會感到高興並且提升自我的肯定與接納。

肆 自我中心、具體性

大多數學齡前的兒童以自我為中心，凡是以本我為出發點，較難區分本我與他人之間的區別，對於周遭的環境漠不關心，並且不懂得如何與同儕分享事物。學齡前兒童比較能夠理解具體性的事物，無法接受抽象思考的事物。學齡前兒童對於事物的瞭解大多是從感官器官，如耳聽、手摸、眼看、鼻聞、嘴嚐親自經驗學習獲得。

就上述總括而論，學齡前兒童的學習特性為自我中心、許多事情皆以「本我」為出點，不懂得與同儕分享玩具或是事物。對於任何新的人事物都會產生興趣和好奇感，但是新鮮感也會很快的消失，因為學齡前兒童無法專注於一件事情過長。另外，學齡前兒童喜歡參與多樣性的活動，並且尋求大人立即的讚美與回饋。

第二節 兒童身體發展

兒童出生之後其身體的發展與成熟度會影響日後的身體活動力和身體機能，家長可依據幼兒的身高、體重、頭圍、胸圍作為健康發展指標。身高為嬰兒出生時重要的指標，可作為日後成長的依據。嬰兒出生後一年的身高要比剛出生時高出50%，約20-25公分，在幼兒2歲之後逐年增長，直到青少年發育成熟。一般而言，女生在兒童時期的身高成長快速，整體身高比男生高，但是到了青少年時期，男生的整體成長則超過女生。體重是幼兒發育、營養和健康指標，體重在1歲時約是出生時的三倍，在3歲時約是出生時的四倍，6歲時則是出生時的六倍。頭圍是腦部發育的指標，出生時頭圍比胸圍大，6歲時頭圍比1歲時增加5至6公分。胸圍是心臟和肺部指標，1歲以前頭圍和胸圍長度差不多（林曼

蕙，1999；李丹、劉金花、張欣戊，1990）。

　　兒童的身體發展原則為：(1)由身體的上至下，先從頭部開始發展，然後身體軀幹的發展，腳的發育最慢，例如抬頭－翻身－坐－爬－站－行走；(2)由接近身體的部位而至遠離身體的部位，身體中央開始發展，越接近軀幹動作發展越早，離身體軀幹越遠的部位發展越慢，例如上肢動作－肩頭和手臂－肘－腕－手－手指；(3)由粗大肌肉到精細肌肉，小肌肉的發展較為複雜，在大肌肉的發展之後，例如大肌肉的動作——跑步、跳躍、滑步，進階至大小肌肉統合的動作——投、接、踢、托（林曼蕙，1999；駱木金，1998）。

　　在不同年齡階段，動作會依據兒童的身體和智力漸進式發展（如表2-1）。剛出生到 1 歲的嬰兒動作屬於反射性的行為，主要以吸吮、吞嚥等動作；1 歲至 2 歲的嬰兒動作屬於未發達的動作，所有的動作為不完整的大肌肉動作。兒童階段可以分為初期、中期、後期：兒童初期指 2 歲至 7 歲的兒童，具有基礎動作能力，能夠做出穩定性動作技能和移動性動作技能，以及不成熟的操作性動作技能；兒童中期指 7 歲至 10 歲的兒童，能將基礎動作能力綜合應用，並且開始應用動作技能於運動中；兒童後期指 11 歲至 13 歲的兒童，能夠表現精熟動作於運動項目中，並且能夠理解運動規則與策略。在最後青少年及成年階段，已經能夠精熟呈現運動技巧，並於運動競賽與他人進行對抗（Gallehu, 1988；黃永寬，2004；林晉榮，2004）。

表 2-1　年齡與動作發展階段

動作發展階段	對應時期	年齡
反射行為	初生兒	0-1 歲
未發達的基礎動作	嬰兒	1-2 歲
基礎運動能力	兒童初期（幼兒）	2-7 歲
一般運動能力	兒童中期	7-10 歲
特殊運動能力	兒童後期	11-13 歲
專門運動能力	青少年及成年	14 歲以上

資料來源：Gallehue, 1988。

表 2-2　嬰幼兒的動作發展過程

月份	身體動作發展
0-2 個月	嬰兒出生時，身體的動作發展為吸吮、握東西等反射性動作，而思考記憶和情緒的功能則尚未起步。
3-4 個月	頭部會左、右轉動，並且手部可以交叉，手部和視覺焦點集中。
5-6 個月	身體能翻身，也試著想學坐，但是坐起重心不穩定會向後傾倒，學習兩隻腳對稱性踢出。
7 個月	坐起時身體不平衡，會使用雙手來保護，避免跌倒，不喜歡躺著，開始喜歡跪爬。
8-9 個月	身體會爬來爬去移動。
10 個月	撐住東西讓身體站立移動，學習走路。
11-12 個月	視每位兒童的發展程度，有些兒童不需輔助可自行走路。

資料來源：Stillwell, 2002。

表 2-3 兒童的動作發展過程

年齡	動作發展
3 歲	・能做基礎的移動性技巧。 ・走跑的技巧穩定，雙足跳、單腳跳的技巧不流暢。 ・可做投接動作，但是協調性欠佳。
4 歲	・移動性技巧可配合阻礙物做各種變化。 ・雙足跳、單腳跳漸漸流暢，並配合不同方向和層級。 ・操作性技巧不精熟，學習基礎投接動作。
5 歲	・移動性技巧可轉換左右腳、可做踢動作，但是精準度和上下協調性差。 ・操作性技巧可做重心轉移。
6 歲	・女孩的動作精確性較優，男孩的力量控制較優，已具有踏跳能力。 ・孩童能做重心轉移的技能。
7 歲	・孩童已具備移動性技巧，能單腳平衡。 ・孩童能精確的單腳跳和雙足跳，能在平衡木上來回折返。
8 歲	・男、女孩能參與運動遊戲。 ・孩童具有轉移左右單腳跳的能力。 ・女孩能投小球 40 英呎遠。
9 歲	・女孩能垂直跳 8.5 英呎，男孩能垂直跳 10 英呎。 ・男孩每秒可跑 16.5 英呎，能投小球 70 英呎遠。
10 歲	・孩童能判斷投球的距離。 ・女孩每秒可跑 17 英呎。
11-12 歲	・孩童已具備良好的動作技巧。

資料來源：Stillwell, 2002。

第三節 兒童認知發展

　　兒童對於周遭事物的認識如何一步一步的形成是教育學者有興趣的研究，皮亞傑為最著名的兒童認知發展學者，他認為兒童時期是建構所生長世界圖像和發展多元社會能力的重要階段。皮亞傑透過設計假山測驗，記錄兒童的認知發展，藉由觀察瞭解嬰幼兒對於事物的理解程度，並以自我中心作為建構兒童能力理論的重要概念。兒童以自我為出發點，從不同的方位注視同一個物體，進一步表達所看到的東西（Donaldson, 1978）。皮亞傑將兒童認知發展，分為四個階段，每個階段的細述如下（李丹、劉金花、張欣戊，1990；朱敬先，1992）：

壹　感覺運動期（Sensorimotor Period）
── 從出生到 2 歲

　　嬰幼兒在剛出生時，所有行為是完全沒有意識，能做出的動作為自主的反射反應，如吸吮、吞嚥等類似行為。感覺運動期可以再進一步分為五個階段，解釋嬰幼兒的發展：(1)出生時反射練習期（出生至 1 個月）意指先天適應外界的反射動作，自動自發的身體四肢舞動；(2)習慣動作期（1 至 4 個月）意指透過感覺器官連結個別的動作形成新的動作習慣，視覺、聽覺與動作的配合，主動找尋外在環境的刺激，如眼睛追隨物體的方向移動，身體隨著聲音擺動；(3)目的動作逐步形成期（5 到 9 個月）意指不限於自身的動作，可涉及身體與身體以外物體的動作發展，產生了主體與客體之間的相互關係，如視覺（主體）與抓握動作（客體）之間形成協調性；(4)手段與目的分化協調期（9 至 12 個月）意指一些動作被當作目的，另一些動作被當作手段，幼兒已經知道為了達到目

的而使用的方法，如拉他人的手指向自己無法取得的玩具，藉由他人之手拿到想要的玩具；(5)運思預備期開始之前期（12 至 24 個月）意指開始會先思考然後再行動，幼兒看見物體時會先思考，經過思考後才有行動，如幼兒看見玩具在障礙物之後，經思考後，瞭解障礙物會造成阻礙，決定繞過障礙物去取得玩具。

前運思預備期（Preoperational Period）
—— 從 2 歲到 7 歲

前運思預備期可以分為兩個階段：運思前期（2 至 4 歲）和直覺期（4 至 7 歲）。運思前期（2 至 4 歲）意指使用前概念或象徵化轉換成有意義的事物，兒童藉由象徵性符號進行表象性思維，解釋自己所看到的事物。本階段的兒童不善於從他人的觀點解釋所看到的事物，而是直接就自己所看到的事物使用象徵性符號描述，如將掃把當作馬騎、將椅子當作汽車駕駛座、將絨毛填充物當作嬰兒。

直覺期（4 至 7 歲）意指兒童認知理解是以自己為中心判斷事物，直接受到事物特徵影響而左右思考判斷，一般兒童會以自己眼睛所看到的實際物體多寡來判斷。如一公斤的棉花和一公斤的鐵，哪一個比較重？通常的回答為棉花重於鐵，因為棉花輕而多，所以重於鐵；其實兩者一樣重，但是兒童會依據外在的形體做判斷。

具體運思期（Concrete Operation Period）
—— 從 7 歲到 11 歲

兒童在此階段已經理解組合排列、分離、重組事物的動作，依據特徵、形體、功能對事物進行分類，例如男生／女生、兒童／成人。另

外，兒童也能理解序列關係，將一組物體做比較，並判斷其大小，如 1 < 2，2 > 1 和可逆轉性關係，瞭解倒轉物體排列的意義，並且恢復原先的排列情形，如 1 + 1 = 2，2 - 1 = 1。

肆 形式運思期（Formal Operation Period）──從 11 歲到 15 歲

兒童開始轉變成為青少年，青春期期間身體的生理結構產生變化，認知思考趨向於成熟。在形式運思期階段，青少年能判斷物體概念、創意抽象思考、利用邏輯分析解決問題。

第四節 兒童社會行為發展

兒童的社會行為發展並非單一性的發展，必須與身體發展、認知發展及情意發展一起相互交替應用，才能建立完整的全人發展，如缺少其中一個發展領域，容易造成兒童成長時期的社會行為缺陷。社會行為發展的主要目的是增進兒童與他人之間的人際關係，提升兒童在團隊中的互助合作技巧，以及建立自我概念的認同。剛出生嬰兒是非社會性的，對於自我與社會間的關係較為薄弱，完全以自我的生理需求為主，慢慢的在嬰幼兒時期，開始會對人產生臉部表情、聲音和動作反應，已經具有初始的社會行為（朱敬先，1992）。兒童成長至 2 歲到 6 歲，身體動作及語言的迅速發展，漸漸的開始學習社會行為，從被動依賴大人的照顧變成主動積極的學習與他人互動。兒童社交行為以家庭生活範圍為中心漸漸地擴展至家庭以外的成員，早期兒童的社交活動範圍限制於與家庭成員間的互動，進入幼稚園之後，開始增加自己與家庭之外成員的社交

互動,對於家長的依賴漸漸減少,反之與同儕之間的接觸漸漸增加,遊戲對象由成人逐漸轉向同年齡的兒童。

　　Parten(1932)透過 2 歲至 5 歲的兒童參與遊戲活動的觀察,發現兒童的社會行為發展情形,隨著年齡的漸增,群體生活的意識也會提升,研究結果如下:

壹 無所事事的行為

　　兒童選擇將自己置身於團體活動之外,覺得任何事情都事不關己,無法與其他兒童相處,選擇自己有興趣的活動參與,比較自我為中心,習慣獨自遊玩。

〈貳〉 旁觀者的行為

兒童自己不參與活動而選擇在團體外觀察：先行選擇不參與任何活動，常常從旁觀察他人參與的反應。

〈參〉 獨自遊戲（Solitary Independent Play）

兒童大約 2 歲半至 3 歲，與同儕一起參與活動，選擇在自我的空間中，各玩各的玩具，彼此之間沒有任何交集，與其他兒童相處時，注意力集中在別人的活動，之後才會轉移到自己的活動。

〈肆〉 平行遊戲（**Parallel Activity**）

　　兒童與同儕一起參與活動，與他人共同分享玩具，各自在自我的空間中玩耍，偶爾會互相觀察對方，但是沒有互動或是交換玩具。對於同儕的活動予以反應，但不會侵犯他人。

〈伍〉 聯合遊戲（Associated Play）

　　兒童在活動中漸漸地與團隊中的同儕有互動，彼此間開始有社交行為產生。

〈陸〉 合作遊戲（Cooperative Play）

　　兒童將自己融入於團體活動中，會與其他同儕一起從事團隊競賽，互相配合一起達成活動目標。

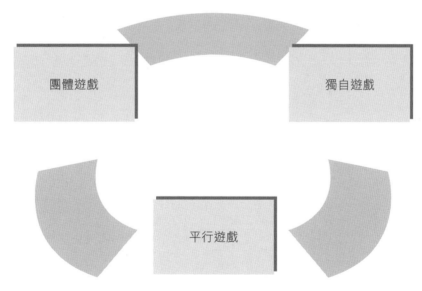

圖 2-1　兒童社會行為發展階段

問題討論

1. 列舉兒童的學習特徵。

2. 請問兒童身體健康發展指標為何？

3. 試詳細說明兒童的身體發展原則。

4. 討論不同年齡階段的動作發展關係有何差異性。

5. 試描述嬰幼兒的動作發展過程與順序。

6. 從皮亞傑認知理論，探討各階段的認知概念結構。

7. 探討社會行為理論對於兒童社會行為發展的影響。

第2篇

兒童基礎動作教育

第三章

兒童的基礎動作
　　教育理念

第一節 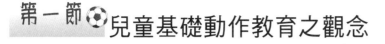 兒童基礎動作教育之觀念

　　動作技能之教學對於學齡前兒童而言，是一項非常重要的課程活動。學齡前的兒童如能夠具有良好的動作技能表現，之後進而可以有效的學習專業運動技巧。動作技能具備三個主要的範圍，包括穩定性動作、移動性動作、操作性動作。穩定性動作意指身體維持在一個定點做垂直或水平方向的移動，例如彎曲、伸展、扭轉、平衡等。移動性動作意指身體從一點到另一點做垂直或水平方向的移動，例如走路、跑步、雙足跳、單足跳。操作性動作意指身體從一點到另一點配合物體做重心移轉的動作，包括粗大動作操作和精細動作操作：粗大動作操作意指給予物體力量或接收物體力量的動作，例如投、接、踢等；精細動作操作意指增強物體的控制活動，強調動作控制、精準表現，例如射、托等（Gallahue, 1988）。

第二節 基礎動作教育範圍

　　在兒童動作發展階段中，可分為基礎動作技巧範圍，包括穩定性技巧、移動性技巧、操作性技巧，上述三種技巧是兒童在日後學習運動技巧主題時，所須具備的基本技巧。基礎動作教育課程設計者可依據兒童的身體發展和年齡，配合基礎動作技巧範圍設計適性的動作技能課程，以增進身體發展、身體適能和運動認知，並且符合個別性差異，讓每一位孩童都能快快樂樂學習，日後應用於精熟的運動技巧。穩定性技巧意指身體維持在一個定點，身體軀幹和四肢向四周做平衡或垂直的移動，穩定性技巧在動態、靜態平衡姿勢的動作，包括彎曲、伸展、扭轉、平衡、著地、揮動、閃躲、平衡、支撐點移動、身體滾動；移動性技巧意

指身體水平或垂直方向移動，從一個定點到另一個定點轉移，包括走路、跑步、雙足跳、單足跳、滑步、飛躍、踏跳、攀爬、移踢；操作性技巧意指身體移動配合物體的操作，身體執行給予或接受物體的力量，包括投、接、踢、托、滾、打擊、運球、停球、彈跳。

第三節 基礎動作技巧概念

　　動作概念的主要目的是教導兒童瞭解身體在從事動作時的變化，啟發他們下列的動作概念（Gallahue, 1988; Portman, 1996），包括：

1. 努力層級，意指個人從事基礎動作教育時，身體如何移動：
   - 流暢——身體的流暢程度，如像機器人、像火車、像沒有電的兔子。
   - 力量——身體用力的強弱，如重、輕、大力、小力。
   - 時間——身體擺動的時機，如快、慢、適中。
2. 空間層級，意指個人從事基礎動作教育時，身體往哪裡移動：
   - 方向——從事動作時的方向，如前、後、左、右、上、下。
   - 層次——從事動作時的層級，如高、中、低。
   - 範圍——從事動作時的範圍，如圓形、正方形、長方形、不規則型。
3. 關係層級，意指個人從事基礎動作教育時，身體與他人和物體一起移動：
   - 與人——從事動作時與他人間的互動，如雙人、團體。
   - 與物——從事動作時與物體間的互動，如球、球棒、球桿、氣球。

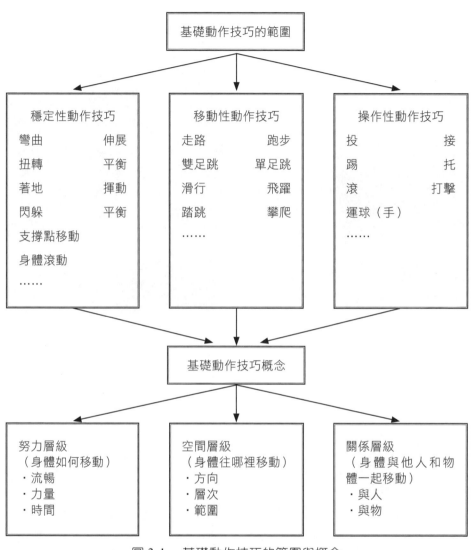

圖 3-1　基礎動作技巧的範圍與概念

資料來源：Gallahue, 1988。

壹　努力層級

1. 流暢：不同的身體姿勢，影響流暢的基礎動作。

不流暢跑　　　　　　　　　　　　　　流暢跑

2. 力量：不同重量的物體，使用不同的力量強度。

丟大球　　　　　　　　　　　　　　　丟小球

丟絲巾

3.時間：不同重量的物體，造成物體落下不同的時間差。

氣球

大球

貳 空間層級

1. 方向：以中心為主，利用基礎動作訓練不同方向。

前、後、左、右、斜前、斜後的方向

2. 層次：利用基礎動作訓練不同高低、遠近層級。

高低層級

近踢 遠踢

3. 範圍：利用基礎動作訓練認識不同形狀。

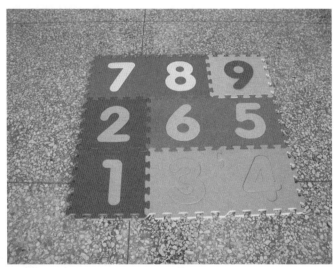

正方形

菱形

圓形

關係層級

1. 與人。

2. 與物。

第四節 ⚽ 大眾對於學齡前兒童錯誤概念

　　體育活動和動作技能發展通常會影響學齡前兒童在成長過程中的體育活動參與興趣。然而，社會大眾對於體育活動和動作技能觀念有一些錯誤的見解，以下綜合三點加以探討。

壹 學齡前兒童會自然從事激烈活動

　　近年來，許多研究指出大多數現代人屬於久坐式生活型態，運動強度的層級較低，並未符合體適能 333 之計畫（每週 3 次、每次 30 分鐘、每次做完心跳 130），因此導致一些文明病的產生（例如：心血管疾病、高血壓、肥胖等）。適當的運動對於任何年齡層而言都是相當重要的。然而，許多人認為學齡前兒童天生好動，不需特別注意學齡前兒童的運動量。有些學齡前兒童是屬於被動式發展。Nader、Sallis、Broyles、McKenzie、Berry、Davis、Zive、Elder 和 Frank（1995）指出 4 歲至 7 歲的小男生和小女生在家接觸電視與電動玩具，缺少體育活動的參與，造成日後的一些風險疾病。

貳 學齡前兒童會自然發展基礎動作技巧

　　有些學者認為學齡前兒童的基礎動作技巧是自然而然養成的，不需刻意設計動作技巧課程。中時晚報（2002a）刊登，在臺灣每四位兒童就有一位有動作協調能力不足的問題，其比例高於歐美各國。因此，在學齡前階段循序漸進的設計基礎動作技巧，可以改善兒童的動作協調能力。

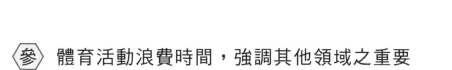

參 體育活動浪費時間，強調其他領域之重要

在臺灣的社會，「萬般皆下品、唯有讀書高」是大多數家長的認知。父母認為學科（如英文、數學、電腦等科目）較為重要，學科的學習成果能夠讓家長獲得成就感，反之體育不需要花時間學習。所以造成學校不太重視學齡前兒童的體育活動和肢體活動，導致學齡前兒童的身體發展較差。其實體育活動能有效的與其他領域互相配合，不只提升兒童身體健康，而且可以增進兒童認知、情意和社會發展。

第五節 適性基礎動作教育的課程設計

學齡前兒童的基礎動作教育課程設計，應依據學齡前兒童個人特質、年齡和性別差異來發展適應的活動，包括體型、技巧層級、興趣和動機（Garcia, 1994; Garcia, Garcia, & Lawson, 2002）。適性學齡前兒童體育活動課程設計之概念如下：

壹 基礎動作教育必須適當發展動作技巧

3 歲至 4 歲學齡前兒童的體型與身體發展適合教導基礎動作中移動性技巧之基本觀念，移動性技巧包括跑、滑步、單足跳、平行跳、垂直跳和併步等。4 歲至 6 歲學齡前兒童適合發展操作性技巧之基本觀念，操作性技巧包括投與接球、踢球、打擊球、托球、運球等。不論是移動性技巧和操作性技巧的活動設計，學齡前兒童皆可以選擇適合自己的距離、目標和器材，藉以鼓勵每位學齡前兒童參與並且提升成功率。

貳 基礎動作教育除了身體範圍的技巧教學，應該統合認知和情意範圍

　　體育活動中身體、認知、情緒和社會範圍發展有互相之關聯（National Association for Sport and Physical Education, 1994）。體育活動的設計不只是讓兒童學習運動技巧，而且要啟發兒童的創造力和思考能力，並且教導兒童學習同理心和互助合作。透過不同的體育活動與各學科領域統整，啟發學齡前兒童的創造力和提升認知範圍，並且試著將每項活動與實際生活互相配合，例如利用身體展現英文單字、運動數字遊戲等。另外，學齡前兒童多以自我中心為主，不懂如何與其他小朋友分享；因此，藉由團體運動遊戲增進兒童彼此間的互助合作和接納其他同儕。

參 基礎動作教育應該依學齡前兒童過去的學習經驗發展

　　在體育活動設計之前，需要先瞭解每位學齡前兒童的動作經驗和學習經驗，然後營造一個樂趣化的體育學習環境。Garcia（1994）研究指出，兒童參與體育活動的意願與樂趣化的學習環境成正相關，當兒童覺得在體育活動能夠獲得快樂和滿足感，往往增加他們願意持續參與的意願。另一方面，老師與家長必須多鼓勵學齡前兒童將學校所學的運動技巧應用於社區、家裡和課餘時間，以達到體適能之標準。

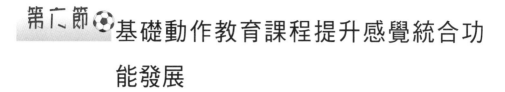

基礎動作教育課程提升感覺統合功能發展

壹 感覺統合功能發展

感覺統合理論是由職能治療師 Ayres 博士於 1970 年代提出，她強調在嬰兒和學齡前兒童階段，透過身體各部位的感覺器官尋找感覺並刺激大腦的發展，有助於他們日後的知覺學習（Sherrill, 1998）。感覺統合是指個體將自己身體和周遭環境接觸的訊息，透過感覺器官如視覺、聽覺、觸覺、味覺、嗅覺、前庭平衡覺及運動覺等，經由神經系統傳達到腦部，再由腦部將訊息加以組織、整理、判斷，進而形成學習和認知，且做適當的行為表現反應（Ayres, 1989；高麗芷，1994a）。兒童的腦如果缺乏感覺刺激將會無法正常處理外界傳遞的訊息發展。高麗芷（1994a）指出，6歲之前的兒童無法藉由抽象概念來認識外界的事物，必須直接透過感覺輸入來認識自己的身體和周遭的環境。因此，感覺統合功能發展在兒童成長過程中扮演重要的角色，因為兒童的動作輸出必須依賴感覺輸入，進而影響計畫活動的能力（Huss, 1988）。

貳 透過基礎動作教育課程提升學齡前兒童感覺統合功能發展

基礎動作教育課程包括穩定性技巧、移動性技巧、操作性技巧，皆能夠提升學齡前兒童的感覺統合，家長與幼稚園教師可以設計下列的活動提升學齡前兒童的觸覺、運動覺和前庭平衡覺等功能。

兒童運動與休閒活動設計

一、在觸覺方面

透過全身的皮膚與外界接觸，受到外在刺激後促進大腦組織功能。基礎動作教育課程可以訓練學齡前兒童的觸覺能力發展，當觸覺需求得到適度滿足後，就會逐漸改變其習慣。

1. 穩定性技巧：利用大毛巾或毛毯將兒童包裹起來做身體滾動，以增加全身的觸覺刺激。
2. 移動性技巧：身體套入麻袋中，手指拉緊麻袋邊緣，進行雙腳向前跳的活動。
3. 操作性技巧：在球池內藏東西，讓兒童在球池內進行投、接和翻滾活動，透過物體刺激觸覺功能。

二、在運動覺方面

透過骨骼和關節瞭解身體的位置與功能。基礎動作教育課程可以訓練學齡前兒童的全身肌肉關節，強化肌力及肌肉協調性，以增進運動覺的功能，並且加強身體意識（身體何時移動、身體什麼部位移動、身體往哪裡移動）的概念。

1. 穩定性技巧：利用暖身／伸展活動或是爬行／鑽洞探索活動，增加學齡前兒童關節的活動範圍，增加精細動作的協調，並鍛鍊身體的力量。
2. 移動性技巧：利用大肌肉發展的活動，例如兔子跳、螃蟹走、小狗跑等，提升學齡前兒童的神經促進，以及肌肉力量的鍛鍊和骨骼的生長。
3. 操作性技巧：利用各種物體和器材結合大肌肉和小肌肉的活動，例如瞭解身體姿勢位置和功能，配合各種形狀的物體，讓學齡前兒童不僅瞭解身體意識，而且強化骨骼肌的力量。

三、在前庭平衡覺方面

利用前庭平衡覺抵抗地心引力、保持身體平衡。基礎動作教育課程可以提升前庭刺激讓學齡前兒童神經發展順暢，並且強化學齡前兒童的身體協調性和靜態／動態的身體平衡。

1. 穩定性技巧：利用吊床或是盪鞦韆，左右前後搖動，增強神經抑制功能，舒緩學齡前兒童的情緒，或是設計旋轉活動促進前庭系統功能，提高神經促進作用（高麗芷，1994b）。

2. 移動性技巧：利用平衡木器材在上面走／跑、雙／單腳跳，訓練學齡前兒童的上／下和左／右的身體協調性，並且在平衡木上訓練靜態和動態的平衡。

3. 操作性技巧：利用投擲和踢物體的活動，發展身體單側和兩側邊的協調性，進而增強手—眼和手—腳的協調。

問題討論

1. 分辨並討論基礎動作技巧的定義與範圍為何。

2. 一般大眾對於兒童基礎動作教育有何錯誤的概念？如何改善學齡前兒童的體育活動參與？

3. 請舉例說明如何將基礎動作技巧概念應用於實際教學活動中。

4. 列舉三種影響適性基礎動作教育課程的因素。

5. 何謂感覺統合功能發展？

6. 請舉例說明如何設計基礎動作教育課程，提升學齡前兒童的感覺統合功能。

第四章

基礎動作
教育應用篇

第一節 移動性技巧動作

〈壹〉 主題：跑

課程目標

1. 示範跑步時，手、手臂、身體、腳跟腿部的正確姿勢。
2. 解釋跑步時，手、手臂、身體、腳跟腿部的正確姿勢。

(一) 手和手臂的姿勢

1. 手臂與腿部呈相反方向垂直搖擺。
2. 手臂協助身體平衡。
3. 手臂約呈現 90 度的彎曲。
4. 手放輕鬆。

(二) 身體的姿勢

1. 身體輕微向前傾。
2. 仿效飛行姿勢。
3. 頭部、肩膀、眼睛及軀幹面對前方。

(三) 腳和腿部的姿勢

1. 腿部完全延伸。
2. 抬腿時，大腿跟地面平行。
3. 膝蓋彎曲，重心放低。
4. 身體重量分布在腳前部，而非腳踝。

跑的動作概念活動		
努力	力量	・用腳趾頭跑。 ・伸直腳跑。 ・儘可能輕輕的跑。 ・儘可能重重的跑。 ・儘可能身體僵硬的跑。 ・儘可能身體柔軟的跑。
	時間	・儘可能越快越好。 ・儘可能越慢越好。 ・一開始慢慢跑然後快快跑。 ・轉換快慢跑的節奏。
	流暢	・儘可能平穩的跑。 ・儘可能不平穩的跑。 ・像機器人跑。 ・像一隻豹跑。 ・腿部固定雙手擺動的跑。 ・雙手固定腿部擺動的跑。 ・軀幹僵直的跑。
空間	層級	・高層級、中層級、低層級的跑。 ・不同層級迅速或緩慢的跑。 ・不同層級平穩或不平穩的跑。
	方向	・向前／後跑。 ・向左／右跑。 ・向上／下跑。 ・側邊跑。 ・斜前跑。 ・直線跑。 ・彎曲線跑。 ・Z字型跑。 ・各種不同圖案跑。

關係	範圍	·在自己的空間跑。 ·在房間的空間跑。 ·儘可能跑得越遠越好。 ·儘可能跑得越近越好。 ·以大步跑大範圍。 ·以大步跑小範圍。 ·以極小步跑大範圍。 ·以極小步跑小範圍。
	物體	·在線上跑。 ·在線外跑。 ·在障礙物下跑。 ·在椅子後面跑。 ·在椅子四周跑。 ·跑繞過三角錐。 ·跑穿越呼拉圈跑。
	同伴	·儘可能與同伴一起跑，維持一樣的速度。 ·儘可能與同伴一起跑不同的形狀。 ·跑在同伴前面。 ·跑在同伴後面。 ·跑在同伴旁邊。 ·握住同伴的手一起跑。 ·跟著全班一起跑。 ·不碰觸任何人的跑。

貳 主題：雙足跳技巧（雙足跳）

課程目標

1. 示範雙足跳（平衡跳、垂直跳）時，手、手臂、身體、腿部的正確姿勢。

2. 解釋在雙足跳（平衡跳、垂直跳）時，手、手臂、身體、腿部的正確姿勢。

(一) 手和手臂的姿勢

1. 手放輕鬆。

2. 手肘稍微彎曲。

3. 手臂置於腿部旁,前後搖擺。

(二) 身體的姿勢

1. 身體輕微向前傾。

2. 仿效飛行姿勢。

3. 軀幹重心向前。

(三) 腳和腿部的姿勢

1. 膝蓋微彎。

2. 腳和腿部放輕鬆,有節奏的擺動。

3. 雙腳合併用力使力起跳,落地時利用雙手平衡身體。

4. 在空中時雙腳完全伸展。

雙足跳的動作概念活動		
努力	力量	·輕輕落地，落地時不發出聲音。 ·重重落地，落地時發出聲音。 ·轉換輕輕或重重的落地。 ·用力搖擺雙手的跳。 ·微微搖擺雙手的跳。
	時間	·儘可能待在空中越久越好。 ·儘可能待在空中越短越好。 ·儘可能跳得越快越好。 ·儘可能跳得越慢越好。 ·跟著鼓聲的節奏跳。
	流暢	·做定點雙足跳 ·只晃動一隻手臂的跳。 ·手臂貼近身體不擺動的跳。 ·手臂側邊伸直不擺動的跳。 ·手臂微彎貼近身體擺動的跳。 ·保持一隻腳彎曲、一隻腳伸直。
空間	層級	·高層級、中層級、低層級的跳。 ·儘可能跳得越高越好。 ·儘可能越低越好。 ·改變高和低層級的雙足跳。
	方向	·向前／後跳。 ·向左／右跳。 ·向上／下跳。 ·側邊跳。 ·斜前跳。
	範圍	·在自己的空間跳。 ·在房間的空間跳。 ·儘可能跳得越遠越好。 ·儘可能跳得越近越好。 ·兩腳伸直跳大範圍。 ·兩腳伸直跳小範圍。 ·兩腳彎曲跳大範圍。 ·兩腳彎曲跳小範圍。 ·跳躍在空中時，手臂上下擺動。 ·跳躍在空中時，手臂左右擺動。

關係	物體	・在線上跳。 ・雙足跳過障礙物。 ・雙足跳過繩索。 ・從一個巧拼雙足跳到下一個巧拼。 ・從一個腳印雙足跳到另一個腳印。
	同伴	・儘可能與同伴一起跳，維持一樣的速度。 ・跟你同伴跳同一方向。 ・跟你同伴跳相反方向。 ・跟你的同伴一前一後的跳。 ・跟全班一起跳。

參 主題：單足跳技巧（單足跳）

課程目標

1. 示範單足跳時，手、手臂、身體、腳、腿部的正確姿勢。
2. 解釋單足跳時，手、手臂、身體、腳、腿部的正確姿勢。

(一)手和手臂的姿勢

1. 手放輕鬆雙臂。
2. 手肘稍微彎曲。
3. 一起有節奏的擺動。
4. 雙臂抬起支撐腳離開地面。

(二)身體的姿勢

1. 軀幹稍微向前傾。
2. 頭抬起來，重心向前。

(三)腳和腿部的姿勢

1. 非支撐腳彎曲 90 度或更小。
2. 非支撐腳舉起來，靠支撐腳垂直使力。

3. 在用力使力時，非支撐腳有節奏的運動，鐘擺式的擺動。

4. 支撐腳膝蓋微彎。

單足跳的動作概念活動		
努力	力量	·單足跳得越輕越好。 ·單足跳得越重越好。 ·輕輕或重重的交互單足跳。 ·轉換左、右邊的單足跳。
	時間	·單足跳越快越好。 ·單足跳越慢越好。 ·慢慢開始越來越慢。 ·慢慢開始越來越快。 ·配合音樂的節奏單足跳。 ·配合鼓聲的節奏單足跳。
	流暢	·手臂貼近身體，不擺動的單足跳。 ·每次八或四拍轉換單足跳。 ·雙手胸前交叉單足跳。

空間	層級	・高層級、中層級、低層級的單足跳。 ・儘可能單足跳越高越好。 ・儘可能單足跳越低越好。 ・改變高和低層級的單足跳。
	方向	・向前／後單足跳。 ・向左／右單足跳。 ・向上／下單足跳。 ・旁邊單足跳。 ・斜前單足跳。
	範圍	・在自己的空間單足跳。 ・在房間的空間單足跳。 ・單足跳每次落在不同的地方。 ・單足跳每次落在一樣的地方。 ・單足跳落在小範圍。 ・如果可以，落在一個大地方。
關係	物體	・在線上單足跳。 ・單足跳過繩索。 ・在呼拉圈內單足跳。 ・越過三角錐單足跳。 ・從一個巧拼跳到下一個巧拼。
	同伴	・跟著同伴的節奏，一起單足跳。 ・與同伴面對面一起單足跳。 ・與同伴面對面，手臂伸直掌對掌，一起單足跳。 ・與同伴面對面，雙手交叉，一起單足跳。 ・模仿同伴單足跳的動作。

〈肆〉 主題：滑步技巧

課程目標

1. 示範滑步時，手、手臂、身體、腳、腿部的正確姿勢。
2. 解釋滑步時，手、手臂、身體、腳、腿部的正確姿勢。

(一) 手和手臂位置

1. 手臂不需用來平衡身體。
2. 手放鬆。

(二) 身體位置

1. 身體輕微向前傾。
2. 身體韻律擺動。

(三) 腳和腿位置

1. 雙膝微彎。
2. 非支撐腳向旁跨一步，支撐腳跟隨，與非支撐腳合併。

滑步的動作概念活動		
努力	力量	·滑步落地越輕越好。 ·滑步落地越重越好。 ·轉換滑步輕輕或重重的落地。
	時間	·儘可能越快越好。 ·儘可能越慢越好。 ·慢慢開始越來越慢。 ·慢慢開始越來越快。 ·配合音樂的節奏滑步。 ·配合鼓聲的節奏滑步。
	流暢	·雙手貼近身體滑步。 ·雙腳伸直僵硬滑步。 ·一隻腳伸直、一隻腳微彎滑步。 ·軀幹伸直滑步。 ·軀幹向前彎滑步。
空間	層級	·高層級、中層級、低層級。 ·儘可能滑步躍起高度越高越好。 ·儘可能滑步躍起高度越低越好。 ·轉換滑步的高低。
	方向	·向前／後滑步。 ·向左／右滑步。 ·向上／下滑步。 ·轉換不同方向滑步。
	範圍	·大跨步滑步大範圍。 ·小碎步滑步大範圍。 ·大跨步滑步小範圍。 ·小碎步滑步小範圍。
關係	物體	·從一點到另一點滑步。 ·從一點到另一點滑步，折返一次。 ·從一點到另一點滑步，折返越多越好。
	同伴	·與同伴面對面一起同方向滑步。 ·與同伴面對面一起反方向滑步。 ·與同伴面對面一高一低，同方向滑步。 ·全班一起滑步。

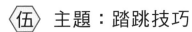

〈伍〉 主題：踏跳技巧

課程目標

1. 示範踏跳時，手、手臂、身體、腳、腿部的正確姿勢。
2. 解釋踏跳時，手、手臂、身體、腳、腿部的正確姿勢。

(一) 手和手臂位置

1. 手臂和腿相反方向，雙手稍微向前擺動。
2. 手要放輕鬆。

(二) 身體位置

1. 身體輕微向前傾。
2. 仿效飛行姿勢。

(三) 腳和腿位置

1. 非支撐腳踏跳。
2. 非支撐腳膝蓋抬起約 90 度。
3. 支撐腳膝蓋微彎。
4. 雙腳交互踏跳。

踏跳的動作概念活動		
努力	力量	・儘量踏跳越輕越好。 ・儘量踏跳越重越好。 ・踏跳輕輕或重重的落地。
	時間	・踏跳越快越好。 ・踏跳越慢越好。 ・慢慢開始越來越慢。 ・配合音樂的節奏踏跳。 ・配合鼓聲的重打擊踏跳。
	流暢	・手臂伸直的踏跳。 ・只用相對單足跳的那隻手臂。 ・每次八拍或四拍的轉換踏跳。
空間	層級	・高層級、中層級、低層級的踏跳。 ・一個彎曲的姿勢。 ・跟著彎曲的單足跳。 ・儘可能踏跳越高越好。 ・儘可能踏跳越低越好。
	方向	・向前／後踏跳。 ・向左／右踏跳。 ・旁邊踏跳。 ・在空中旋轉四分之一踏跳。
	範圍	・在自己的空間踏跳。 ・在房間的空間踏跳。 ・踏跳每次落在不同的地方。 ・踏跳落在一樣的地方。 ・小範圍內的踏跳。 ・大範圍內的踏跳。
關係	物體	・踏跳越過繩索。 ・在圈圈內踏跳。 ・踏跳越過三角錐。
	同伴	・跟著同伴的節奏一起踏跳。 ・與同伴面對面一起踏跳。 ・模仿同伴的踏跳動作。 ・與同伴一前一後踏跳繞圈圈。

第二節 ⚽操作性技巧動作

〈壹〉 主題：投技巧

課程目標

1. 做出正確投動作的姿勢，展示投時手、手臂、身體、腳和腿的位置。
2. 解釋投時手、手臂、身體、腳和腿的位置。

(一) 手和手臂位置

1. 慣用手的手臂準備後揮。
2. 非慣用手的手臂微舉平衡身體。
3. 做投動作時，慣用手的手臂平行向前伸展（L型）。
4. 做投動作時，球釋放後大拇指朝下。

(二) 身體位置

1. 身體向側邊旋轉。
2. 慣用手的肩膀略為放鬆。

(三) 腳和腿位置

1. 做投動作時，臀、腿、脊髓和肩膀旋轉。
2. 準備做投動作時，重心在後腳。
3. 做投動作時，踏出前腳同時重心轉移。

投的動作概念活動		
努力	力量	・儘可能僵硬的做投的動作。 ・儘可能柔軟的做投的動作。 ・儘可能緩慢的做投的動作。 ・儘可能迅速的做投的動作。
	時間	・儘可能投的速度越快越好。 ・儘可能投的速度越慢越好。 ・儘可能快速移動慣用手的手臂。 ・儘可能快速移動非慣用手的手臂。 ・儘可能緩慢移動慣用手的手臂。 ・儘可能緩慢移動非慣用手的手臂。 ・儘可能快速扭轉身體。 ・儘可能緩慢扭轉身體。

	流暢	・使用最少身體部位移動做投的動作。 ・利用最多身體部位移動做投的動作。 ・像機器人，做投的動作。 ・腿部不動，做投的動作。 ・軀幹不動，做投的動作。 ・儘可能順暢，做投的動作。
空間	層級	・設定高層級、中層級、低層級投球的目標。 ・儘可能投得越低越好。 ・儘可能投得越高越好。 ・轉換不同層級投球的目標。
	方向	・向前／後。 ・向左／右。 ・向上／下。
	範圍	・儘可能投得越遠越好。 ・儘可能投得越近越好。 ・使用慣用手做投的揮動動作。 ・使用非慣用手做投的揮動動作。 ・使用雙手做投的動作。
關係	物體	・紙張。 ・絲巾。 ・海灘球。 ・棒球／報紙球。 ・大球／小球。 ・投進桶子。 ・投飛越繩子。 ・投進呼拉圈。 ・各種不同的物體，或球類。
	同伴	・與同伴互相做投的動作。 ・儘可能與同伴維持一定的距離做投的動作。 ・儘可能與同伴做不同層級投的動作。

貳 主題：接技巧

課程目標

1. 做出正確接動作的姿勢，展示投時手、手臂、身體、腳和腿的位置。
2. 解釋接時手、手臂、身體、腳和腿的位置。

(一) 手和手臂位置

1. 手臂放鬆，前臂置於身體前面。
2. 手和手臂舉起準備接物體的力量。
3. 手臂隨著物體的飛行調整方向。
4. 當物體飛高時，大拇指朝內做接的動作，當物體飛低時，大拇指朝外做接的動作。

(二) 身體位置

1. 身體部位隨著物體飛行方向與路徑做調整。
2. 眼睛注視物體做接的準備動作。

(三) 腳和腿位置

腳張開，蹲下平衡身體。

接的動作概念活動		
努力	力量	・盡可能接到物體時聲音越大聲越好。 ・盡可能接到物體時聲音越小聲越好。 ・維持手臂垂直。 ・維持手臂彎曲。
	時間	・有球時，做接的動作。 ・沒球時，做接的動作。 ・盡可能球的速度越快越好。 ・盡可能球的速度越慢越好。 ・盡可能等球的時間越長越好。 ・盡可能等球的時間越短越好。
	流暢	・像機器人一樣做接的動作。 ・腿部站立做接的動作。 ・腿部微蹲做接的動作。 ・軀幹不動做接的動作。 ・軀幹移動做接的動作。

空間	層級	·高層級。
		·中層級。
		·低層級。
		·儘可能球越低越好的接球。
		·儘可能球越高越好的接球。
		·設定高層級、中層級、低層級的接球目標。
		·轉換不同接球目標。
		·接與腰同高的球。
		·坐著接球。
		·躺著接球。
	方向	·向前／後。
		·向左／右。
		·向上／下。
		·在身體前方接球。
		·在身體旁邊接球。
		·在身體的不同方向接球。
	範圍	·利用身體不同部位觸球。
		·一隻眼閉上接球。
		·兩隻眼閉上接球。
		·手臂於不同位置接球。
關係	物體	·紙張。
		·絲巾。
		·海灘球。
		·棒球。
		·大球。
		·小球。
		·報紙球。
	同伴	·與同伴互相做接的動作。
		·兩隻手與同伴一起用雙手接球。
		·與同伴一起用單手接球。
		·與同伴互相投、接球。

參 主題：滾技巧

課程目標

1. 做出正確滾動作的姿勢，展示滾時手、手臂、身體、腳和腿的位
   置。
2. 解釋滾時手、手臂、身體、腳和腿的位置。

(一)手和手臂位置

1. 手持球。
2. 前臂揮動時重心從後腳轉移到前腳。
3. 在膝蓋的位置將球滾出。

(二)身體位置

1. 臀部稍微轉動，軀幹向前微傾。
2. 眼睛注視目標。

(三)腳和腿位置

1. 雙腳呈現跨步的姿勢。
2. 膝蓋微彎。

滾的動作概念活動		
努力	力量	・儘可能柔軟的做滾的動作。 ・儘可能僵硬的做滾的動作。 ・轉換僵硬和柔軟的滾球動作。
	時間	・儘可能滾的速度越快越好。 ・儘可能滾的速度越慢越好。
	流暢	・只利用慣用手手臂做滾的動作。 ・只利用非慣用手手臂做滾的動作。 ・只利用身體的側邊做滾的動作。 ・像機器人一樣做滾的動作。

空間	層級	·設定高層級、中層級、低層級滾球的目標。 ·儘可能滾越低越好。 ·儘可能滾越高越好。 ·轉換不同層級滾球的目標。 ·坐著滾球。 ·跪著滾球。
	方向	·向前／後。 ·向左／右。 ·向上／下。 ·在身體前方滾球。 ·在身體旁邊滾球。 ·在身體的不同方向滾球。 ·直線滾球。 ·曲線滾球。
	範圍	·儘可能滾得越遠越好。 ·儘可能滾得越近越好。 ·儘可能滾得越精準越好。 ·身體不移動做滾的動作。 ·身體移動向前做滾的動作。 ·身體移動向後做滾的動作。
關係	物體	·不同大小的球。 ·鋁罐。 ·三角錐。 ·在直線上滾球。 ·滾球穿越兩個盒子間的目標。
	同伴	·模仿同伴滾球的姿勢。 ·改變同伴的位置,並將球滾向同伴。 ·與同伴互相滾球。 ·一人朝向目標滾球,一人做記錄。

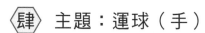 主題：運球（手）

課程目標

1. 做出正確運球（手）動作的姿勢，展示運球時，手、手臂、身體、腳和腿的位置。
2. 解釋運球（手）時，手、手臂、身體、腳和腿的位置。

(一) 手和手臂位置

1. 慣手持球大約在腰部的位置，相反的腳在前。
2. 手指輕拍球，重複接觸和推送。
3. 將球向地上推送，手臂、手腕和手指也跟隨著伸展。
4. 控制手臂向下的力量。

(二) 身體位置

1. 軀幹向前微傾。
2. 眼睛注視前方。

(三) 腳和腿位置

1. 雙腳呈現跨步的姿勢，與慣用手相反的腳在前方。
2. 控制運球的方向。

運球的動作概念活動		
努力	力量	·儘可能僵硬的做手運球的動作。 ·儘可能柔軟的做手運球的動作。 ·轉換僵硬和柔軟的手運球動作。
	時間	·儘可能運球（手）的速度越快越好。 ·儘可能運球（手）的速度越慢越好。 ·改變快和慢運球的動作。
	流暢	·只利用慣用手做運球的動作。 ·只利用非慣用手做運球的動作。 ·只利用慣用手僵直的運球。 ·只利用非慣用手僵直的運球。 ·像機器人一樣做運球的動作。

空間	層級	·在膝蓋的層級手運球。 ·在腰部的層級手運球。 ·在腿部的層級手運球。 ·運球的高度比頭部高。 ·運球的高度比腰部高。 ·運球的高度比膝蓋低。 ·轉換手運球不同層級。
	方向	·向前／後。 ·向旁邊。 ·向左／右。 ·不同方向手運球。 ·直線手運球。 ·圓圈手運球。 ·曲線手運球。
	範圍	·在自己的空間。 ·在同一點上連續手運球。 ·手運球移動位置。 ·運球時儘可能離身體越遠越好。 ·運球時儘可能離身體越近越好。 ·用身體其他部位運球。
關係	物體	·圍著椅子運球。 ·手運球於繩子之上。 ·手運球於繩子之下。 ·邊走邊運球。 ·手運球於不同形狀。
	同伴	·與同伴一起邊跑邊運球。 ·與同伴一前一後邊跑邊運球。 ·與同伴做不同高度運球。 ·與同伴配合節奏一起運球。

〈伍〉 主題：踢技巧

課程目標

1. 做出正確踢的動作姿勢，展示踢時，手、手臂、身體、腳和腿的位置。
2. 解釋踢時，手、手臂、身體、腳和腿的位置。

(一) 身體位置

1. 軀幹微彎。
2. 頭部低下，眼睛注視物體直到接觸到物體，再將頭部抬起。

(二) 腳和腿位置

1. 支撐腿微彎，支撐腳指向目標。
2. 非支撐腳擺動。
3. 非支撐腳抬起完全離開地面。
4. 非支撐腳的內側接觸到物體。

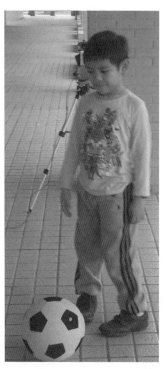

兒童運動與休閒活動設計

踢的動作概念活動		
努力	力量	・儘可能僵硬的做踢的動作。 ・儘可能柔軟的做踢的動作。 ・非支撐腳向後做大擺動，但是輕輕做踢的動作。 ・非支撐腳向後做小擺動，但是重重做踢的動作。
	時間	・儘可能踢的速度越快越好。 ・儘可能踢的速度越慢越好。
	流暢	・非支撐腳大擺動。 ・支撐腳膝蓋不彎曲做踢的動作。 ・利用手臂不擺動做踢的動作。 ・利用手臂擺動做踢的動作。 ・兩隻手臂向後擺動做踢的動作。 ・兩隻手臂向前擺動做踢的動作。
空間	層級	・設定高層級、中層級、低層級踢的動作。 ・儘可能踢越高越好。
	方向	・向前／後。 ・向左／右。 ・旁邊。 ・轉換不同方向。
	範圍	・儘可能踢得越遠越好。 ・儘可能踢得越近越好。 ・利用大步伐做踢的動作。 ・利用小步伐做踢的動作。
關係	物體	・向牆踢。 ・向大目標踢。 ・向小目標踢。 ・踢飛過目標。 ・踢向繩子之下。 ・踢穿越椅子。
	同伴	・與同伴一起踢球。 ・與同伴一前一後踢球。 ・當同伴在走路時踢向同伴。 ・不同方向踢向同伴。 ・不同速度踢向同伴。

88

陸 主題：打擊技巧

課程目標

1. 做出正確打擊動作的姿勢，展示打擊時，手、手臂、身體、腳和腿的位置。
2. 解釋打擊時，手、手臂、身體、腳和腿的位置。

(一) 手和手臂位置

1. 雙手握球棒，右手在左手上方（右打者），左打者則相反。
2. 球棒置於肩膀後面的位置。
3. 手肘遠離身體。
4. 當球接近身體時，球棒從肩膀後方向前與地面平行揮出。
5. 當球接觸到球棒，手臂跟隨伸展。

(二) 身體位置

1. 軀體向側邊轉動。
2. 眼睛注視球。

(三) 腳和腿位置

1. 雙腿微張與肩膀同寬。
2. 膝蓋微蹲，身體重心向下。
3. 揮棒時，身體重心從後腳至前腳。
4. 臀部朝球的方向轉動，前腳稍微向前跨一步。
5. 打擊到球後，重心回到後腳。

打擊的動作概念活動		
努力	力量	·儘可能打擊球越輕越好。 ·儘可能打擊球越輕越好。 ·儘可能僵硬的作做擊球的動作。 ·儘可能柔軟的作做擊球的動作。
	時間	·儘可能揮棒速度越快越好。 ·儘可能揮棒速度越慢越好。 ·球的速度越慢越好，然後打擊出。 ·球的速度越快越好，然後打擊出。
	流暢	·四肢無力的打擊球。 ·四肢僵硬的打擊球。 ·手臂僵硬的打擊球。 ·軀幹不旋轉的打擊球。
空間	層級	·設定高層級、中層級、低層級的打擊動作。 ·投球高於肩膀的打擊。 ·投球低於腰部的打擊。 ·投球介於肩膀和腰部區間的打擊。
	方向	·向前／後。 ·向左／右。 ·向上／下。
	範圍	·在自己空間利用不同身體部位打球。 ·在寬廣的空間打擊。 ·在窄小的空間打擊。
關係	物體	·用線綁球懸吊空中打擊。 ·用線綁瓶子懸吊空中打擊。 ·打打擊座。 ·在繩子之上打擊。 ·在繩子之下打擊。 ·利用不同大小的物體。 ·利用不同形狀的物體。 ·利用不同的打擊器材。
	同伴	·與同伴一起打擊，一人投球一人打擊。 ·與同伴一起打擊，投不同層級的球給同伴打擊。 ·自拋自打，將球打擊不同方向，同伴練習接球。

柒 主題：托技巧

課程目標

1. 做出正確托動作的姿勢，展示托時，手、手臂、身體、腳和腿的位置。
2. 解釋托時，手、手臂、身體、腳和腿的位置。

(一)身體位置

1. 肩膀向前微傾。
2. 背部挺直。
3. 手臂彎曲。

(二)手和手臂位置

1. 十隻手指指腹觸球。
2. 拇指和食指呈三角形，兩指間距離 2 英吋。
3. 手指張開。
4. 手肘微彎。
5. 球向上托時，手臂手肘向上伸展。

(三)腳和腿位置

1. 一腳前一腳後的站立。
2. 膝蓋微彎。
3. 雙腳微張，小於肩膀寬度。
4. 托球時，重心由後腳向前轉移至前腳。

托的動作概念活動		
努力	力量	・儘可能僵硬的做托的動作。 ・儘可能柔軟的做托的動作。 ・儘可能輕輕的做托的動作。 ・儘可能重重的做托的動作。
	時間	・儘可能托得越快越好。 ・儘可能托得越慢越好。 ・老師喊停時，托越多越好。 ・老師喊停時，托越少越好。 ・限定時間內，托越少越好。 ・限定時間內，托越多越好。
	流暢	・做托動作時，放鬆手指。 ・做托動作時，僵直手指。 ・手臂伸直托球。 ・手臂放鬆托球。 ・雙腳伸直手臂放鬆托球。 ・雙腳微彎手臂放鬆托球。

	層級	・設定高層級、中層級、低層級托的動作。
		・坐著托球。
		・站著托球。
		・跪著托球。
		・將球托得越高越好。
空間		・將球托得越低越好。
	方向	・向前／後。
		・向左／右。
		・向上／下。
		・在身體旁邊托球。
	範圍	・站在呼拉圈外托球。
		・站在呼拉圈內托球。
		・儘可能托得越遠越好。
		・儘可能托得越近越好。
	物體	・海灘球。
		・氣球。
		・大球。
		・小球。
		・排球。
		・繩子。
關係		・網子。
	同伴	・與同伴互相托球。
		・與同伴一起向上托球。
		・與同伴一前一後托球。
		・不同方向托向同伴。
		・不同層級托向同伴。

範例一　幼兒體能課程計畫書

週次	單元名稱	基礎動作技巧	活動器材	教學目標與宗旨
01	快樂披薩派	穩定性技巧	氣球傘	團隊默契與小指肌肉訓練。
02	墊上運動	穩定性技巧	海綿墊	培養幼兒全身協調性及滾翻練習。
03	南北大對抗	穩定性技巧	拔河繩	團隊士氣的培養，上肢肌力的加強。
04	漢堡超人	穩定性技巧——扭曲、平衡	棉被袋	啟發幼兒想像力及協調性。
05	大地勇士	穩定性技巧——滾翻	滑溜布	上肢肌力與爬滾的練習。
06	高峰小勇士	穩定性技巧——攀爬	桌子＋椅子	訓練幼兒攀爬的能力。
07	跳跳好運連連	移動性技巧——雙足跳	大呼拉圈	跳躍練習及單腳平衡練習。
08	跳躍小袋鼠	移動性技巧——雙足跳	跳箱＋海綿墊	跳躍訓練與手眼協調。
09	彩虹跳繩	移動性技巧——雙足跳、單足跳	跳繩	跳躍練習與下肢肌力加強。
10	高空彈跳	移動性技巧——雙足跳	棉被＋桌子	訓練幼兒的膽識及對高度的體驗。
11	跨欄高手	移動性技巧——踏跳	標誌塔＋水管	培養幼兒下肢爆發力與彈跳力。
12	槍林彈雨	操作性技巧——投＆接	小布球＋雨傘	加強幼兒上肢肌肉與投擲力的培養。
13	蝴蝶夢公園	操作性技巧——投＆接	飛盤	加強幼兒手眼協調與丟接飛盤的能力。

範例二　國立東華大學附屬幼稚園體能課程

週次	單元名稱	基礎動作技巧	活動器材	課程內容
01	老虎跑	移動性技巧——走跑	三角錐	利用模擬動物，教導兒童跑的動作和協調性。
02	稻草人的一天	移動性技巧——單足跳	水果卡、繩子	利用角色扮演稻草人，到田裡摘水果，水果高掛，教導兒童單足跳的動作和不同層級。
03	小兔子跳跳跳	移動性技巧——雙足跳	英文字卡、彩墊、呼拉圈	想像為小兔子在森林中尋找食物，教導兒童雙足跳的動作和平衡，並結合英語單字，增加認知。
04	小螃蟹遠足	移動性技巧——滑步	跳繩、平衡木	想像為小螃蟹要出遠門去遠足，遇到重重關卡，教導兒童滑步的動作、平衡和團隊競賽。
05	西部牛仔	移動性技巧——踏跳	掃把、三角錐	透過角色扮演——牛仔，讓兒童模仿牛仔騎在掃把上，學習踏跳跑。
06	你丟我接	操作性技巧——投＆接球	大球、小球、水果卡	先用一顆球自我練習投高、投遠，進而用色球丟蘋果圖案，練習投準，再來互相投接。
07	哈利波特魁地奇比賽	操作性技巧——投＆接球	大球、小球、球門	透過角色扮演——哈利波特，魁地奇球賽開始，兒童需要把球丟進不同高度、遠近的球門中，來獲得成績。

週次	單元名稱	基礎動作技巧	活動器材	課程內容
08	少林足球 I	操作性技巧——踢球	保齡球瓶、足球	想像周星馳少林足球的厲害，小和尚練習踢球技巧，終極目標是將不同距離的保齡球瓶踢倒。
09	少林足球 II	操作性技巧——踢球	足球、足球門	小和尚複習及運用踢球技巧，實際到足球場練習踢進球門。
10	托托樂	操作性技巧——托球	氣球、排球	認識排球，三角御飯糰的手勢練習托球，利用氣球代替排球，讓兩人互相練習托球技巧。

範例三　福康國小附設幼稚園幼兒體適能活動課程

週次	單元名稱	基礎動作技巧	活動器材	活動目標
01	常規訓練	移動性技巧 ——走跑	隨著音樂律動，排隊走跑	常規訓練及器材準備。
02 03	四肢活動	移動性技巧 ——走跑	在線上做走／跑四肢運動或編簡易體操	訓練大肌肉發展平衡感。
04 05	圈圈遊戲	穩定性技巧 ——扭曲、搖擺	利用呼拉圈來創作遊戲及搖擺呼拉圈	練習腰力搖擺的能力及平衡感的訓練。
06 07	球類遊戲	操作性技巧 ——投&接	利用不同大小的球練習投接技巧	培養重量感及距離感的辨識能力及學習投接技巧。
08 09	墊上活動	穩定性技巧 ——翻滾	在安全墊上，做爬滾翻或學動物行走	訓練身體的柔軟度、敏捷性，如：狗爬式、青蛙跳、毛毛蟲、手推車等。
10 11 12	小布球遊戲	操作性技巧 ——投&接	利用彩色小布球玩數數、投接遊戲	培養幼兒臂力、手眼協調及敏捷性。
13 14	氣球傘遊戲	穩定性技巧 ——協調、抓握	利用氣球傘創作各種協調性的動作訓練抓握及臂力	培養幼兒專注力、大小肌肉能力、團隊精神及協調性。

問題討論

1. 試詳細說明各種移動性技巧的課程目標。

2. 試詳細敘述各種移動性技巧的動作分析，並應用動作概念活動為兒童設計樂趣化課程。

3. 試詳細說明各種操作性技巧的課程目標。

4. 試詳細敘述各種操作性技巧的動作分析，並應用動作概念活動為兒童設計樂趣化課程。

5. 請依據兒童的發展階段，循序漸進設計一學期的移動性技巧課程。

6. 請依據兒童的發展階段，循序漸進設計一學期的穩定性技巧課程。

7. 發展一份全年度的體能活動課程計畫書。

第五章

兒童基礎動作教育 活動教案設計

第一節 基礎動作教育活動教案設計流程

壹 引起動機

透過樂趣化、多樣化的方式，吸引兒童的注意力，讓兒童能夠快速進入活動主題，並且在快樂無壓力的情境中參與，可應用之方式如下：(1) 可透過說故事吸引興趣，啟發想像力、增加理解力，讓兒童想像自己為故事中的主角，更為投入角色扮演；(2) 音樂的營造可以帶動快樂的環境，訓練兒童律動及肢體創作；(3) 有趣的圖片示範介紹可以讓兒童的動作概念化、具體化；(4) 遊戲活動。

貳 暖身活動

暖身活動最為重要，活動前做暖身的動作，不只可以避免運動傷害的風險，而且熟悉主題活動中所要強調的身體部位。兒童律動非常受到歡迎，除了教育部發行的幼兒健康操，也有一些工作室自行研發兒童律動，利用音樂、大肌肉動作和口號，不至於太過呆板，充分達到樂趣化的效果，提升兒童的參與興趣。

參 主題活動

主題活動強調動作技能的發展與應用，動作技能發展是教導新的動作技巧並且加以練習；動作技能應用則是讓兒童將所學的動作技能，應用在樂趣化的活動設計和競賽遊戲中，進而熟練每一項的動作技能。另外，不論動作技能的發展或應用，都應著重於動作課程的教學目標，可採用多元化的教學策略，增加兒童的學習動機。主題活動的教學設計，

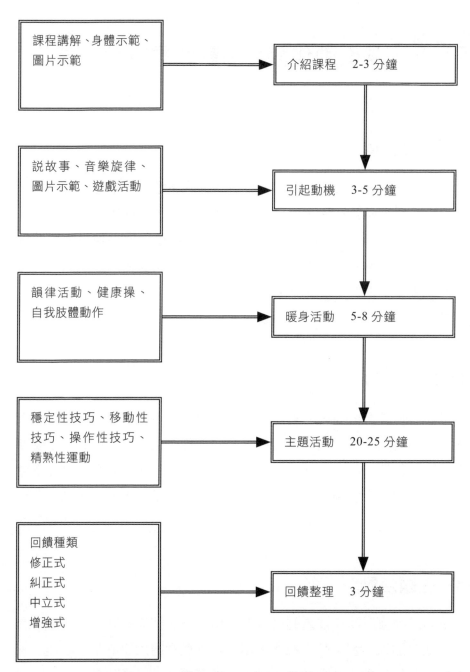

圖 5-1　基礎動作教育課程教案設計的流程

資料來源：黃永寬（1995）。

包括自我練習、活動工作站、團體遊戲、競賽遊戲等。

肆 回饋整理

通常在課程的最後一個部分會提供回饋，回饋最主要的目的是複習所學的知識，以強化兒童的認知能力，並且瞭解對於所教授的內容之理解程度，作為日後課程修改之參考。回饋的方式，包括問與答、回家功課、考試等。

第二節 說故事與基礎動作教育結合之情境範例

主題：跑步

適合對象：3-6歲的幼兒

引起動機——故事情境：小豬們森林奇遇記

早上起床天氣晴朗，豬哥哥與豬姊姊決定帶著一群小豬出門踏青郊遊。小豬們起床後，趕緊去刷牙洗臉和穿衣服，準備好迎接一天的活動！豬哥哥與豬姊姊帶領小豬們到戶外踏青時，不幸頑皮的小豬們走失了，牠們試著尋找回家的路，一路上遇許多不同的動物和景象，並且學習牠們跑的姿勢，讓自己能夠通過層層關卡，快速安全的回到家。

活動內容 I

小豬們首先遇到大象、小狗和花豹，並且一一和牠們打招呼，之後學習三種動物的跑步方法（努力層級——流暢、力量、時間）。

活動內容 II

然後，小豬們走著走著在森林裡迷路了，這時遇到好心的小鳥，指引牠們越過方形的稻田，溯過 S 型的小河，並且在橋墩上跨步跑，之後蹲低跑過低矮的山洞，就可以走出森林（空間層級——方向、層次、範圍）。

活動內容 III

走出森林後，小豬們遇到大野狼，如果不小心被野狼抓到，就會被關起來，小豬們可以趁野狼不注意解救被關的小豬（關係層級——與人的關係）。

主題：雙足跳
適合對象：3-6 歲的幼兒
引起動機——故事情境：袋鼠 Micky 的魔幻世界探險

在地球的另一端有一個魔幻世界，很有趣喔！袋鼠 Micky 因為好奇邀約朋友 Mike 和 Michael 一起到魔幻世界探險。袋鼠 Micky 到達魔幻世界的門口時，小精靈 Vicky 已經在等候牠。小精靈 Vicky 帶領牠們參觀魔幻世界，並且指示牠們通過美麗的陷阱，讓牠們能夠參拜魔幻世界的國王。

活動內容 I

小精靈 Vicky 先訓練袋鼠 Micky、Mike 和 Michael 跳跳樂，提升牠們的反應和移動能力，並且告知魔幻世界的咒語「Frog、Rabbit、

Pengiun」，每個人要記住一個咒語，在咒語沒有下達時每隻袋鼠可以緩慢在原地雙足跳，當唸到自己的咒語，就必須迅速完成雙足跳 10 次（努力層級——流暢、力量、時間）。

活動內容 II

袋鼠 Micky、Mike 和 Michael 接下來走到魔幻水池前，小精靈 Vicky 告訴牠們，要依據字母的順序跳過水池上五顏六色的荷葉，以及高低差異的荷花，才能繼續到魔幻屋（空間層級——方向、層次、範圍）。

活動內容 III

小精靈 Vicky 告訴袋鼠 Micky、Mike 和 Michael，要到魔幻屋前會經過企鵝 Vivian 的魔幻花園，牠們要向企鵝 Vivian 學習企鵝舞，三人要一起跳企鵝舞離開花園，在進入魔幻屋前，院子有會抖動的魔法繩，須雙足跳通過，才能進屋參拜國王（關係層級——與人、與物的關係）。

主題：滑步（橫向）
適合對象：3-6 歲的幼兒
引起動機——故事情境：小螃蟹的一天

　　在一個非常美麗的海底村莊，有一隻可愛的小螃蟹誕生了，小螃蟹一天一天長大，牠心裡有一個疑問，村莊以外有沒有像我們一樣橫著走路的動物？於是有一天，螃蟹媽媽就鼓勵牠到隔壁村莊去找聰明的蝦子叔叔幫牠解惑。隔天，小螃蟹背著小包袱前往蝦子叔叔的家。在途中，小螃蟹經過了許多坎坷的路程，最後牠終於找到蝦子叔叔家。蝦子叔叔告訴小螃蟹：「你們是世界上最獨特的動物，沒有其他動物像你們一樣橫著走，你要對自己感到驕傲。」

活動內容 I

小螃蟹在村子裡移動喜歡將手交叉在胸前，螃蟹媽媽告訴牠手要隨著身體擺動才會流暢。小螃蟹要離開村子去找蝦子叔叔，剛接觸外界事物都很好奇，身體緩慢的移動，發現天快黑還沒有找到地方休息，於是牠快速移動（努力層級——流暢、力量、時間）。

活動內容 II

小螃蟹早上起床繼續上路，經過了許多不同形狀的步道和高低不同的獨木橋（空間層級——方向、層次、範圍）。

活動內容 III

蝦子叔叔的小孩學小螃蟹橫著走，小螃蟹當抓人者，其他人利用橫向走路一起玩「紅燈綠燈」的遊戲（關係層級——與人的關係）。

問題討論

1. 試描述活動設計教案的步驟為何。
2. 以圖解說明基礎動作教育課程教案設計的流程與時間配置。
3. 請發揮創造力及想像力,為移動性技巧設計故事情境。
4. 請為移動性技巧規劃主題活動設計。
5. 請發揮創造力及想像力,為穩定性技巧設計故事情境。
6. 請為穩定性技巧規劃主題活動設計。

第3篇

休閒活動設計

第六章

休閒活動與遊戲

第一節 ⚽ 休閒之定義

　　隨著週休二日的政策實施，國民平均所得的增加，使得國人越來越重視休閒活動的參與。由於各項休閒活動的蓬勃發展，使得「休閒」一詞在國內被廣泛的使用，凡是看得到的或是聽得到的東西，都可發現被冠上「休閒」二字就變得更有賣點（葉智魁，1994）。首先，就休閒的定義來探討。休閒有甚多的涵義，在希臘文中休閒係指在工作之後所獲得的自由時間或無拘無束的從事自由活動（Iso-Ahola, 1980）；另外，休閒通常意指自由、無義務性、符合個人意願的特質（Kelly & Kelly, 1994）。根據 Dumaedier（1974）的「休閒三部曲理論」，個人隨性參與活動，在活動中享受樂趣、鬆弛自我、拓展社交及啟發創造力。因此，休閒可提供個人放鬆、娛樂及自我發展的功能。Bammel 和 Bammel（1992）提出休閒的三個觀點：

壹 休閒是最後剩餘之事

　　休閒意指將所有的公事、家事、瑣事、必要之事處理完畢之後所剩下的時間，人們可利用最後剩餘的時間參與各種看得見的活動。

貳 休閒是一種心靈狀態

　　休閒是一種狀態、一種態度、一種心智的狀況（de Grazia, 1962）。休閒在人的內心進行，依個人心理的態度或狀態來決定。有些人抱持著愉悅、放鬆、娛樂的態度參與任何一項活動，但對有些人而言卻可能是一項不得已的瑣事。

參 休閒就如休閒所為

休閒有時很難下定義，人們常常無法很肯定的測量或界定任何休閒活動，有時自然的就知道自己是在休閒或是工作，不需刻意的劃分。

總而言之，休閒二字為「休」與「閒」之結合，人類在工作之閒暇時間，非強迫性而自由選擇參與的活動，以達到娛樂、放鬆、休息的功能。因此，休閒對於人類有正面的意義與價值觀，並值得廣泛推廣休閒觀念。

第二節 休閒活動對於個人之利益

休閒活動具有多方面之功能，以下將從個人、家庭、社會、經濟、醫療五個方向做探討。

壹 對個人的功能

一、促進生理健康

隨著電腦科技的日新月異，使得現代工商業社會由過去傳統的人力生產，轉變由電腦與機械取而代之，雖然人們勞動力降低，工作時間減少，卻養成懶惰的習性，運動量大為減少，以至於產生不少文明病。因此，從事適當的休閒活動可以促進血液循環、增加心肺功能，鍛鍊肌肉耐力，進而改善身體適能。

二、健全心理健康

現代社會事事講求效率與速度，各行業之間的競爭增高，造成現代人經常處於緊張、忙碌的生活中，無形產生許多心理方面的疾病，例如憂鬱症、精神異常、神經衰竭等問題。可藉由休閒活動舒解精神壓力，保持心情愉悅，以及放鬆自我疲倦。

三、培養社會關係

雖然現代交通發達，使城鄉之間的距離縮短，然而人與人之間的距離卻越來越疏遠。早期農業社會守望相助之精神已漸漸不存在，自私自利、自掃門前雪的觀念卻成為現代人的寫照。可透過休閒活動的參與，增加社區居民之間的互動關係，同時學習團體領導的能力和公平競爭的社會性規範行為。

貳 對家庭的功能

現代人對於家庭的觀念看得很淡薄，傳統式大家庭已經非常少見，小家庭逐漸普遍。由於社會生活水準提高，為了負擔小孩的教育費和生活費，有些家長必須同時外出工作，使得家庭聚會的時間減少，因而忽略孩子的需要，於是產生不少兒童問題，如鑰匙兒童、飆車逃學、參加幫派等。另一方面，社會結構的高齡化，老年人口數的遽增，衍生出老年問題，如獨居老人。休閒活動的參與可拉近親子之間的關係，家庭成員可透過休閒活動聯絡感情，同時教導子女待人處事與團隊合作的觀念。

參 對社會的功能

翻開報章雜誌，經常看到殺人、搶劫、色情等社會問題，可怕的是犯罪年齡層有逐年降低之趨勢。目前國內青少年的犯罪率激增，功利主

義的社會，造成青少年急功近利，追求物質享受；當現實無法滿足自我虛榮心時，常常鋌而走險從事非法事宜，導致終生遺憾。規劃適當休閒活動為當務之急，青少年可透過休閒活動發洩過剩的體力、消弭暴戾之氣、減少犯罪的行為；另外，休閒活動可以培養正當的嗜好，結交志同道合的朋友，拓展人際關係。藉由休閒教育傳遞文化、端正人心，以及培養正確的社會價值觀，進而提升生活品質。

〈肆〉 對經濟的功能

即將邁入 21 世紀，各行各業已漸漸重視休閒活動的參與。許多工商企業之領導者經常利用休閒活動的安排，藉以改善勞資之間的關係，拉近與員工之間的距離，增進員工對公司之認同感，提升員工的工作效率。另一方面，近年來環保意識的抬頭，無工業污染的休閒產業興起，可提高觀光服務事業，帶動政府經濟的收益及稅收。因此，休閒活動對於經濟有正面之助益。

〈伍〉 對醫療的功能

忙碌的現代人，由於工作壓力大，經常患有失眠症、憂鬱症，以及精神方面的疾病。透過休閒活動的參與可以幫助放鬆心情，疏導情緒障礙，治療心理疾病。另外，休閒活動也可以改善個人的身體適能，增進心肺耐力、肌力、身體柔軟度等功能，減少慢性疾病的產生。

第三節 遊戲之概念

　　遊戲是提升幼兒學習的內在動力，透過各種樂趣性的遊戲，幼兒可為未來的生活做準備，學習將來人生中必須具備的重要技能。從各種不同遊戲類型中獲得滿足，讓身體能健康地成長，精神得到飽足，情緒得到調和。遊戲是幼兒生活中重要的一部分，孩子可在遊戲活動中，反映現實活動中所獲得的知識，並且從遊戲的嘗試與錯誤中學習探索。遊戲的內容越豐富多元，想像力也就越活躍，同時啟發幼兒對於自我與環境的好奇心，有助於成長過程中的腦部發展，進而提升閱讀能力、邏輯思考和人格發展。因此，遊戲的類型將會影響幼兒的身體範圍、認知範圍與情意範圍的發展，本文將介紹各種遊戲的類型，以及它所附屬的價值。

　　「遊戲生活化」、「生活遊戲化」、「做中學」、「學中做」、「遊戲中學習」都是幼兒教育中樂趣化教學的目的。幼兒教育之父福祿貝爾認為，幼兒階段可透過遊戲與恩物訓練幼兒的自我發展、自我活動，以及社會參與。在遊戲中，幼兒可透過音樂和玩具學習各種生活知識，讓幼兒學習自我與團體間的互動，並且整合感官、認知、語言和社會行為等技巧。另外，蒙特梭利也認為藉由遊戲訓練身體、感官、認知和生活，發展幼兒自動自發和責任義務（朱敬先，1992；林朝鳳，1994）。盧梭則認為不應教導兒童過多文字，鼓勵幼兒在遊戲和戶外活動中學習，但幼兒遊戲不是漫無目的的玩耍，而是從遊戲中獲得探索外在環境、矯正治療行為、生活技能演練和追求休閒娛樂的功能（吳幸玲，2003）。因此，上述多位幼兒教育家皆強調適當的遊戲可以幫助幼兒的學習行為，讓幼兒在遊戲中盡興的玩、放縱的玩，從玩的過程中激發幼兒的想像力、創造力、判斷力，進一步能夠提出問題和解決問題，並應用在周遭的生活環境中。

第四節 兒童遊戲的類型與價值

Rubin、Watson 和 Jambor（1978）認為遊戲可以提升幼兒的身體發展、認知發展和社會技巧發展，將遊戲分類下列四種類型：

壹 功能性遊戲

意指有無目的的重複性肌肉移動，提升身體各機能的功能，依據 Gallahue（1988）所提及的基礎動作技巧範圍中的穩定性技巧、移動性技巧、操作性技巧和體適能等活動，以增加幼兒身體機能與身體適能。

一、身體價值

發展身體機能構造，藉由粗大肌肉和精細肌肉的鍛鍊，訓練手、腳、眼、腦間的協調和平衡等功能，並改善幼兒的身體適能（身體組成、心肺耐力、肌力、柔軟度等），使其達到健身、養身，刺激新陳代謝、促進身體機能發展。

二、益智價值

以動作概念的活動原則，教導幼兒身體層級、空間層級、方向層級、韻律層級的知識。讓幼兒透過功能性遊戲瞭解身體與外在環境的概念，如何移動、何處移動和何時移動，刺激腦部思考，達到動腦益智的目的和瞭解個體與事物的因果關係，也可以滿足探索慾與好奇心，並且從遊戲中獲得豐富知識，增長智慧。

三、道德價值

在遊戲中融入情意教學，教導並訓練互助相愛的精神和方式，使其遵循遊戲的規則，延伸至生活常規的規範教導，學習遵守規則、尊重他

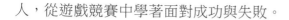

人，從遊戲競賽中學著面對成功與失敗。

四、人格價值

在遊戲中培養自信心、領導能力、自尊心、團體生活能力，達到自我價值的認同，增進對他人的信任與親近，也可以培養友愛精神及與人合作的意願，也可使其認識自我長才，如興趣、優缺點等，從體能遊戲中得到滿足感。

五、社會價值

在遊戲中與他人的互動接觸，可以培養其團隊合作、辨別是非決斷力、自律的能力；角色扮演可以使其瞭解某一特定角色的期待與規範，提升社交能力，並培養正面的價值觀和態度。

貳 建構性遊戲

意指使用物品和材料製作或建造某物體,例如堆積木遊戲、摺紙遊戲、結繩遊戲(利用手指編織出各種不同的物體)、拼圖遊戲等等。幼兒在建構遊戲過程之中,自主思考、創造與邏輯組織的方式,增進幼兒在身體、人格、益智、道德及社會各方面的價值。

一、身體價值

除了對幼兒身體適能的提升有助益之外,也能提供精細肌肉的訓練,透過一些建構活動,增加手指靈活度及手眼協調能力。

二、益智價值

在遊戲中,一方面加強幼兒獨立思考的能力,另一方面發展組織邏輯推理的能力,每一個物體的建造皆有助於個別性的創作和思考,提升語言學習和文字排列的能力。

三、道德價值

建構性的遊戲鼓勵幼兒分享自我的創作概念,尊重每一位個體的創作精神,防止抄襲他人的創意,並且跳脫傳統填鴨式教學的模式,從小啟發個別性思考與創意。

四、人格價值

鼓勵幼兒在遊戲中欣賞他人的作品,從美學的角度培養幼兒內在的內涵,並提升幼兒在創作中的毅力、耐心和想像力,以培養幼兒問題解索能力。

五、社會價值

訓練幼兒在團體建構遊戲之中與他人互動、合作,並且增加溝通的

能力，以達到共同完成作品的目標。

參 象徵性遊戲

意指模擬現實生活中各種情形的遊戲，通常找象徵性的事物來取代真實的情境，以假裝是某個人或是假裝某物是一個特定物體的方式來進行，例如：扮家家酒、扮演醫院裡的角色、搭公車、超商購物等等。

一、身體價值

藉由象徵性的遊戲增加幼兒的想像力，並且融入情境而做出一些可以訓練他們身體的動作。例如想像是稻草人，幼兒就會模仿稻草人用單腳站立，藉此訓練幼兒的肌力、肌耐力、平衡感等體適能，提升幼兒身

體能力。

二、益智價值

在遊戲中藉由設計一個情境帶領幼兒進入遊戲的狀態，可能給幼兒一個主題，引導幼兒融入在不同的情境裡，使幼兒可以增進想像力、創造力，以及與物體間的關聯性。讓幼兒藉由各種不同的情境扮演觀察者或是示範者，以往常的經驗和本身的想像力，去模仿情境下該有的動作和行為規範，以啟發兒童自由思考與語言發展的能力。

三、道德價值

從象徵性遊戲中，瞭解社會不同角色的道德觀念認知，在扮家家酒時，擔任不同家庭成員，模擬爸爸、媽媽、姊姊、弟弟各角色的不同責任與義務。從中幼兒就會加以想像在日常生活中家長對自己的教導，學習到家長應照顧小孩、小孩子要聽家長的話，哪些事可以做、哪些是壞事等，並加深對道德倫理的記憶。

四、人格價值

幼兒可藉由不同情境的象徵性角色中學習對於自我的瞭解與個人特質，如果幼兒所扮演或是模仿的角色，不符合情境或是超出規範，需教導幼兒正確的行為，以修正行為表現，達到正向的人格特質。

五、社會價值

在進行象徵性遊戲時，會有與人互動的情形產生，讓幼兒學習在社會中所扮演的角色；在遊戲的過程中，有的人是盲目型兒童，有的是依賴型，還有自主型的兒童，從遊戲中可以知道自己在社會中的價值（Parten, 1932）。

肆 規則性遊戲

意指在遊戲中加入一些規範或規則，讓參與者依循遊戲中的規範和規則，進行遊戲活動與競賽活動，例如策略規則、場地限制、器材使用及運動禮儀等。

一、身體價值

經由規則性的遊戲，讓幼兒可以一方面透過遊戲發展身體各部位的機能，如肌力、肌耐力、敏捷、平衡、協調性等等；另一方面，透過遊戲規則的規範，讓幼兒不斷的練習，增加各種運動或遊戲的專業技巧。

二、益智價值

經由遊戲中的規則，幼兒瞭解每項遊戲的策略規則、場地限制、器材使用，讓幼兒探索多元性的遊戲世界和瞭解各種不同的遊戲文化。

三、道德價值

透過遊戲的規則訂定，幼兒在參與遊戲競賽中可以瞭解成功與失敗的概念。遊戲結果必須展現在其他同伴下，幼兒會因此在意他人的眼光和看法，並且可以藉由遊戲內容，讓幼兒遵守並瞭解規則。規則性遊戲也可訓練運動家的精神——如服從裁判的判決，勝不驕、敗不餒。從成功中分享喜悅與提升內在動機，並從失敗中學習成長與接受挫折，不斷的朝工作取向努力不懈。

四、人格價值

在規則性遊戲中，藉由遊戲經驗協助幼兒形成自我認同和增加自我概念。有些幼兒的人格特質屬於積極、好勝、個人表現，反之有些則為被動、消極、喜與他人互動。在規則性遊戲的過程中判斷每位幼兒的個性，給予適當的修正與協助，讓每一位幼兒都能具有正向的個人特質。

五、社會價值

　　藉由規則性的團體遊戲讓幼兒群體性的互動，從遊戲中學習與同儕的溝通、分享彼此的想法和輪流參與的秩序，並且在衝突和合作遊戲中學習社交技巧，有助於幼兒的同儕社會地位認知。

　　「快樂的學習」是教育的目標，而幼兒教育的目的就是讓每位兒童能夠在快樂的環境中成長與發展。幼兒教育學者盧梭、福祿貝爾、蒙特梭利都鼓勵幼兒發揮玩樂的天性，從遊戲中學習與生活相關的知識。Rubin、Watson 和 Jambor（1978）認為遊戲可以提升幼兒的身體發展、認知發展和社會技巧發展，將遊戲分類下列四個層級：功能性遊戲、建構性遊戲、象徵性遊戲、規則性遊戲，各種遊戲皆具有身體價值、益智價值、道德價值、人格價值和社會價值，讓幼兒從遊戲中不只自由的享受遊戲所帶來的樂趣，同時獲得身體、認知和情意的學習。

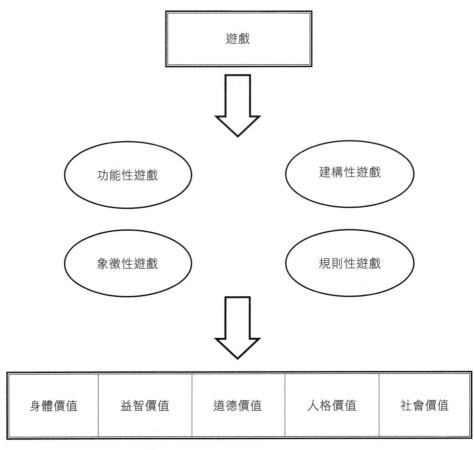

圖 6-1　兒童遊戲的類型與價值

問題討論

1. 描述休閒的定義，並舉列說明對於人類生活有何影響。

2. 舉列說明休閒對於人類的助益為何。

3. 何謂遊戲？在兒童階段遊戲的重要性為何？

4. 試詳細說明遊戲的種類，以及各種遊戲對於兒童有何價值貢獻。

5. 討論並思索為各種遊戲種類設計一套課程方案。

第七章

休閒活動設計
的概念與運用

第一節 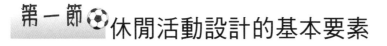休閒活動設計的基本要素

休閒活動設計不是單一向度所形成的，它需要從多向度的層面考量。Kraus（1997）提出在休閒活動設計之前，必須考量下列五個基本構成要素，才能成功有效的辦理休閒活動，提高休閒活動的品質。

壹 主辦單位

確認主辦單位的理念與目標，主辦單位大致分為營利組織，例如俱樂部、休閒渡假村、觀光飯店，以及非營利組織，例如財團法人基金會、學校單位、公益團體等。

貳 參與者

確認活動參與者的個人背景資料，例如性別差異、年齡區別、居住區域、參與動機等。

參 活動與服務

水上活動、陸上活動、才藝活動、藝文活動、兒童托嬰部、兒童指導部、餐飲部。

肆 區域與場地

戶外運動場、戶外遊樂場、休閒活動中心、室內體育館、室內教室。

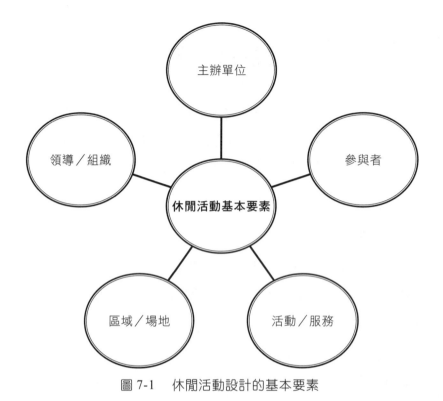

圖 7-1　休閒活動設計的基本要素

伍 領導組織

　　主辦單位需考量活動特色，以進一步規劃活動所需聘用之工作人員，例如全職員工、兼職員工、季節性員工、義工，以及專業性與非專業性之員工。

第二節 休閒活動設計的規劃步驟

　　休閒活動設計應從全面性進行思考，在休閒活動設計的過程中，每一個階段都是影響活動成功的重要因素。下列為休閒活動設計的七個規劃步驟，從各階段分析休閒活動過程中的優點與缺點，以提供規劃者企

劃活動之參考。

壹 建立主辦單位的使命與任務

1. 瞭解主辦單位的理念與目標。
2. 以參與者的興趣與需求為最主要的考量因素。
3. 提供參與者快樂的學習環境。

貳 評量參與者個人背景與所在社區的特色

1. 評量所在社區的特色與人口結構的分布。
2. 評量社區居民的經濟狀況。
3. 評量參與者社會代理人的期望與家庭背景。
4. 評量社區附近是否有其他相同性質的單位。

參 確認休閒活動目標與理念

1. 提供放鬆的環境。
2. 增進親子關係。
3. 學習術科技巧。
4. 學習才藝技巧。

肆 提供全方位的休閒活動範圍

1. 提供多元性的活動內容。
2. 設計有變化的課程指導。

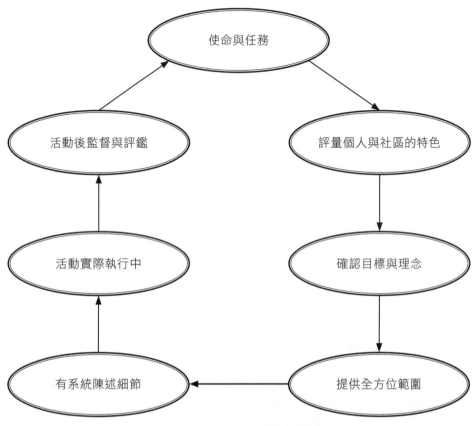

圖 7-2　休閒活動設計的規劃步驟

〈伍〉 有系統陳述休閒活動的細節

1. 瞭解活動的課程內容、時間及評鑑。
2. 督導工作人員的服務態度、專業指導。
3. 掌控活動的經費開銷與場地設施維修。

〈陸〉 休閒活動實際執行中的過程

1. 觀察參與者的學習態度與反應。

2. 觀察休閒活動的流暢程度。

3. 關注休閒活動的風險處理。

柒 休閒活動結束後監督與評鑑

1. 監督活動後的缺失，進行討論與改進。

2. 參考參與者的活動回饋，進行活動的檢討與修正。

3. 為未來的休閒活動辦理，提改善的空間。

第三節 休閒活動的範圍與其價值

　　休閒活動不論是室內或是戶外，陸上或是水上，靜態或是動態，知性或是感性，都可被視為休閒活動的範圍，Kraus（1997）將休閒活動分為下列幾種，每一種活動都具有獨特之價值。

表 7-1　休閒活動的範圍與價值

休閒活動的範圍與價值	休閒活動範例
運動遊戲和體適能活動 教導運動技能、運動策略與知識。 灌輸運動家精神和自我概念。 建立團隊運動的凝聚力。 提升基本體適能（身體適能、健康適能）。 降低學業壓力、舒緩緊張。 促進身體健康。	·競賽運動。 ·個人運動。 ·團體運動。 ·雙人運動。 ·體適能活動。 ·有氧活動。 ·無氧活動。

戶外休閒和環境教育活動	
鑑賞大自然的美麗。 尊重大自然的生命。 瞭解環境教育及戶外教育。 避免環境的污染與破壞。	·健走活動。 ·野外求生。 ·露營活動。 ·賞鳥活動。 ·攀岩活動。 ·探索活動。
水中課程活動	
學習游泳技能。 瞭解水上活動救生技能。 降低水上意外的發生。 享受水中樂趣。	·游泳活動。 ·潛水活動。 ·水中有氧。 ·水球運動。
創意課程活動：藝術與才藝	
增加個人創意與想像。 提升美學的鑑賞。 從成果中獲得成就感。 學習才藝技能。	·攝影。 ·繪畫。 ·雕刻。 ·紙黏土。
藝術表演活動：音樂、戲劇和舞蹈	
學習多元性文化。 降低壓力與焦慮。 尋求寧靜。 增加個人創意與想像。 鑑賞力與美。	·音樂鑑賞。 ·詞曲創作。 ·韻律活動。 ·戲劇表演。 ·木偶表演。 ·土風舞。 ·社交舞。 ·Hip-hop。
特殊主題活動	
教導各國文化與節慶特色。 鼓勵社區發展特色。 推展公共行銷。 提升慶典儀式。	·大甲媽祖慶典。 ·農曆過年習俗。 ·宜蘭童玩節。 ·屏東黑鮪魚季。 ·花蓮石雕季。

第四節 休閒活動的規劃模式

　　休閒活動舉辦之前，規劃者會先依據主辦單位性質和所辦理活動特色進行評估，再決定依據過去成功之案例或是創新活動作為自我休閒活動之發展願景，休閒活動規劃模式可參照 Howard（1964）的四種休閒活動規劃模式。

壹 傳統模式

　　意指依據過去成功或是受歡迎的活動模式設計，例如球類的活動、水上活動、英語學習營等。

貳 趨勢模式

　　意指依據目前或是未來最新趨勢的活動模式設計，例如自我成長營、探索體驗活動、冒險休憩活動等。

參 表達渴望模式

　　意指依據參與者的需求和渴望參與態度的活動模式設計，例如老年人緩和運動、青少年冒險休閒、兒童基礎動作技巧等。

肆 權威模式

　　意指依據活動規劃者或指導者的專業知識和價值設計活動，例如李遠哲科學營、鐵人挑戰計畫、黑幼龍卡內基溝通營等。

除了上述四種模式之外，Kraus（1997）再加上兩種休閒活動規劃模式：

伍 社交政策模式

意指依據社會團體或是社會需求的文化特色的活動模式設計，例如婦女歌唱班、扶輪社、基督教女青年會等。

陸 自助餐式模式

意指設計多種活動，讓參與者有機會依據自己的興趣選擇活動的參與，提供主修和選修的活動模式，例如救國團進修課程、社區大學等。

第五節 休閒活動的互動模式

休閒活動的活動設計為多元化，可以依據各種休閒活動的特質提供參與者不同的活動互動模式，同時發展正面的社會互動技巧和人際關係價值。休閒活動規劃者可以視參與者的社會需求，提供不同的休閒活動互動模式，以達成正面社會結果和改善參與者的社會行為。Elliott（1973）和 Kraus（1997）提出下列八種活動互動模式：

壹 室內個人活動

意指一個人參與室內的活動，例如單人瑜珈、保齡球、看電影等。

貳 戶外個人活動

意指一個人參與戶外的活動，例如花圃種花、個人慢跑、鐵人三項運動等。

參 團體內個人活動

意指一個人參與團體性的活動，但是在自我空間活動，不與團體中其他人互動，例如有氧舞蹈、馬拉松跑步等。

肆 雙人活動

意指兩個人一起參與的活動，彼此有互動，例如網球、羽球、桌球、下棋等。

伍 團體內分小組活動（一對多）

意指團體中一人為主導者，與團體內其他人進行遊戲，例如捉迷藏、紅燈綠燈、123 木頭人等。

陸 團體內分小組活動（彼此互動）

意指在一個團體中分為好多小團體，小團體間彼此沒有互動，但小團體內的成員互助合作，達成共同活動目標，例如團隊建立活動、解索遊戲等。

柒 團體彼此活動

意指不同團體間進行表演活動，例如合唱比賽、話劇表演等。

捌 團體彼此對抗

意指不同團體間彼此進行競賽對抗，例如籃球競賽、棒壘球競賽等。

第六節 休閒活動的參與型式

在休閒活動辦理前，活動規劃者對於活動內容中參與者之參與型式必須做事先的計畫，一個成功的活動要能夠提供多變化的參與型式，讓參與者能夠有多樣性的學習經驗，以增加參與者的學習動機，並且也能符合不同團體的休閒活動體驗需求。Kraus（2002）提出休閒活動的參與型式如下：

壹 自由參與或開放設施

在沒有組織與沒有指導者的環境下自由的玩樂，例如在遊樂場或操場自行取得器材參與活動。

貳 課堂指導

提供多元性的課程，不同的課程皆有專業指導教師，漸進式的指導技巧；例如以籃球為單元，可安排四節指導課程：傳球、運球、投籃、三步上籃。

參 組織競賽

　　不論是個人運動、團體運動、戶外活動或是休閒活動，皆以對抗賽的型式論輸贏，例如網球、壘球、舞蹈、釣魚或下圍棋等。

肆 表演呈現

　　以活動結果取向為主，呈現獨特的表演或是展覽，讓參與者達成目標並獲得成就感，例如音樂表演、話劇表演、藝術展覽或手工藝展覽等。

伍 主題派對

　　依據節慶由來、社區特色及文化歷史設計主題活動，可藉由嘉年華會、遊行、烤肉和野餐方式進行活動主題。

陸 戶外旅遊

　　以戶外場所為活動安排地點，搭乘交通工具到戶外參訪的目的地，例如博物館、國家公園、休閒渡假中心等。

問題討論

1. 列舉並討論休閒活動設計的基本要素。

2. 試舉列說明不同性質的主辦單位其理念與目標之差異為何。

3. 設計休閒活動時,哪些步驟可以提供規劃者／企劃者進一步分析休閒活動的需求?

4. 討論與說明休閒活動的分類範圍,並列舉出休閒活動項目。

5. 試詳細說明各種休閒活動範圍的價值為何。

6. 試詳細說明休閒活動的規劃模式為何,並分析各模式的影響與成效。

7. 試描述休閒活動互動模式為何,請評估何種互動模式符合主辦單位的休閒活動企劃。

8. 休閒活動設計時,分析與評估應該提供的參與型式。

第八章

休閒活動的評量

第一節 ⚽ 休閒活動的評量種類

　　休閒活動的評量有很多種，在過去休閒規劃者常習慣使用量化測驗的評量作為回饋之標準，並未考量參與者的個別差異，量化評量的結果可提供規劃者瞭解參與者參與休閒活動的現況，但是有時無法透過量化評量的結果進一步解釋參與者的想法、認知和心理層面。然而，設計多元化的休閒活動評量，並匯集各種評量之結果，可作為瞭解參與者的學習情形和改進活動成效之用（羅凱暘，2000；許義雄，1997），下列將介紹兩種休閒活動評量方式。

壹 形成性評量（Formative Assessment）

　　也稱為過程評量、觀察性評量，屬於主觀的性質。此評量方式強調在休閒活動規劃的過程中，利用多元化的休閒活動評量工具診斷活動成果和參與者的學習成效，並在活動過程中發現活動執行和活動流程之問題，藉以改進休閒活動之規劃。

貳 總結性評量（Summative Assessment）

　　也稱為結果評量，屬於客觀性評量。此評量通常在休閒活動接近尾聲或活動即將結束時，利用測驗評定參與者認為休閒活動多好、多滿意的整體實施效果及參與情形，依據測驗結果確定休閒活動辦理成效。

　　在過去，休閒活動評量較為偏重在總結性休閒活動評量，依據測驗的量化結果評定參與者在活動中的學習成效，卻忽略了活動過程中的感受與看法，無法針對個別性差異之休閒活動評量。反之，近年來形成性休閒活動評量漸漸地被使用於活動中，主要是因為形成性休閒活動評量

147

結合量化與質化的結果,休閒規劃者可結合多元的休閒活動評量方式,評量各階段的學習者需求與感受,以達到適性、適齡的個別休閒活動。

第二節 ⚽ 休閒活動的評量原則

休閒活動中不論是使用形成式評量或是總結式評量,都建議採用下列評量原則,提供有效適性的評量結果,以達到休閒活動評量的目的,並進行休閒活動的總檢討。

壹 目標性

在進行休閒活動評量之前,必須要明確界定評量的目的,依據休閒活動評量目的,選擇適當的休閒活動評量工具,藉以達成活動目標。

貳 全面性

在評定休閒活動參與者表現時,應考量全面性之休閒活動評量,以兼顧認知、技能、態度、習慣、情意等領域,藉以瞭解參與者在活動中的學習過程。

參 多元性

應彈性的提供各種休閒活動評量方法,保持休閒活動評量之客觀性,並且採用多元化之休閒活動評量工具,達到各種不同領域的目標。

肆 整體性

有效的休閒活動評量應強調過程與結果之整體性，形成式休閒活動評量和總結式休閒活動評量兩種方法一起使用，將可有效的瞭解參與者在活動中的表現程度。

伍 回饋性

休閒活動評量之結果可作為改進活動企劃與執行的依據，利用休閒活動評量的結果，提供回饋給參與者、企業組織、活動規劃者作為企劃、執行或行政決定之參考。

陸 個別性

休閒活動評量應依據不同參與者的內在特質（個人特質、性別、年齡等）與外在情境（技能層級、學習環境、動機因素等）作為考量，以符合個別性之差異。

柒 連續性

休閒活動評量應該是一種持續性的歷程，依據過去的休閒活動評量結果瞭解參與者的一些問題原因，並且更進一步進行追蹤休閒活動評量並預測未來的表現。

第三節 🄰休閒活動的評量時機

　　休閒活動的評量在各執行階段有其不同的評量關注，休閒活動評量的時機可以分為三個階段，下列將探討不同階段的評量關注重點。

〈壹〉 休閒活動執行前評量

　　1. 瞭解參與者的起點行為。
　　2. 瞭解市場需求與組織使命。
　　3. 瞭解參與者的期望。
　　4. 評估活動環境與器材設備。
　　5. 評估人力資源與活動經費。

〈貳〉 休閒活動執行中評量

　　1. 在活動過程中進行多元性的評量方式，例如觀察法和記錄法，以
　　　瞭解活動的效率，以及參與者的參與動機與興趣。
　　2. 在活動參與過程中，提供參與者行為和技能的調整與改進。

〈參〉 休閒活動執行後評量

　　1. 依據活動之後所進行的評量，目的是瞭解活動過程的優缺點並檢
　　　核活動內容的適性。
　　2. 評定參與者是否達到預期的目標。
　　3. 評定參與者是否滿意活動。

表 8-1　後山活力小勇士夏冬令營滿意度調查表——李克特五等量法

1 ＝非常不喜歡　　2 ＝不喜歡　　3 ＝沒意見　　4 ＝喜歡　　5 ＝非常喜歡					
1. 夏冬令營費用	1	2	3	4	5
2. 接待服務	1	2	3	4	5
3. 空氣調節	1	2	3	4	5
4. 交通便利性	1	2	3	4	5
5. 水的品質	1	2	3	4	5
6. 周圍的設備（廁所、休息區、浴室）	1	2	3	4	5
7. 安全設備	1	2	3	4	5
8. 器材服務	1	2	3	4	5
9. 指導員教學	1	2	3	4	5
10. 指導員態度	1	2	3	4	5
11. 指導員專業知識	1	2	3	4	5
12. 結業證書	1	2	3	4	5

建議：

表 8-2　兒童活動日誌──觀察法

姓名 年齡					
體型	高	矮	胖	瘦	壯
個性	活潑	安靜	害羞	反抗	愉快
	孤僻	其他			
動作協調度					
手眼協調	非常優秀	優秀	普通	差勁	非常差勁
手腳協調	非常優秀	優秀	普通	差勁	非常差勁
身體的平衡	非常優秀	優秀	普通	差勁	非常差勁
節奏感／韻律感	非常優秀	優秀	普通	差勁	非常差勁
社會行為					
與他人互動	非常優秀	優秀	普通	差勁	非常差勁
自我娛樂	非常優秀	優秀	普通	差勁	非常差勁
不喜歡與他人分享	非常優秀	優秀	普通	差勁	非常差勁
認知行為					
數字觀念	非常優秀	優秀	普通	差勁	非常差勁
空間觀念	非常優秀	優秀	普通	差勁	非常差勁
理解力	非常優秀	優秀	普通	差勁	非常差勁
記憶力	非常優秀	優秀	普通	差勁	非常差勁
身體意識	非常優秀	優秀	普通	差勁	非常差勁
語言表達					
能回答教師的問題	非常優秀	優秀	普通	差勁	非常差勁
說話清晰	非常優秀	優秀	普通	差勁	非常差勁
詞彙缺乏	非常優秀	優秀	普通	差勁	非常差勁

表 8-3　兒童活動日誌──記錄法

日期	活動	時間	與誰一起	活動後反應

表 8-4　兒童活動日誌──回饋法

你最喜歡參與的活動是什麼？為什麼？
你最討厭參與的活動是什麼？為什麼？
你學到最多技能的活動是什麼？
你最喜歡的指導教師／輔導員是誰？為什麼？

問題討論

1. 區辨形成式評量與總結式評量的差異及使用的時機。
2. 列出與討論形成式評量與總結式評量的工具特性。
3. 試詳細說明進行休閒活動評量時，要提供有效適性的評量結果，須考量的評量原則為何。
4. 討論休閒活動執行前、中、後評量的重要性。
5. 分享你所遇到最有趣、最喜歡，或是最有效的評量方式。

第九章

休閒活動的

風險管理

過去國人努力投入於工作中，以長時間的工作提高生產率來換取金錢，對於休閒活動的需求程度低，並且參與頻率也低（Bammel & Bammel, 1992）。近年來，隨著週休二日的實施，漸漸提升國人的生活品質，也增加了休閒活動的參與意願，並從休閒活動中獲得身、心、靈的樂趣。隨著休閒活動的需求程度提高後，休閒活動相關人員除了要提供多元性的活動外，還必須要進一步評估各種休閒活動中所會產生的意外因素，才能增加兒童的滿意度，以及降低意外的發生。

暑假期間，針對兒童設計的夏令營、才藝活動及戶外活動陸續在招募，另外休閒渡假村也鎖定以兒童為對象，規劃多元性的休閒活動，以符合家長的需求和兒童的興趣。然而，常常從新聞媒體看到一些休閒活動意外事件，例如前一陣子某休閒渡假村因為人為因素造成兒童游泳溺斃的意外，或是有些游泳及球類夏冬令營因場地濕滑，造成兒童身體傷害。如果在休閒活動中忽略風險管理的概念，將會降低主辦單位對於意外事件的控制應變能力。因此，不論是管理者和企劃者都必須正視風險管理的重要性，才能進一步防止意外發生，有效提升休閒活動的品質。

第一節 ⚽ 風險管理之概念

風險是指「不確定性」和「損失程度」，風險的不確定性是指容易受到外在環境改變且難以預料的事件。風險的損失程度可分為實體損失和財物損失，皆是風險所造成的傷害及所影響的負面結果（程紹同，2004）。風險管理偏重於預測事前可能會發生的事情，進一步依據可能的傷害嚴重性和意外發生頻率，事前先做活動的規劃和防範，或是採取多種策略因應（彭小惠，2002）。另外，風險管理是指在活動辦理之前，事先評估與預測活動進行中的風險程度，對於活動進行過程的每一個環節

進行評估,並且建立一套風險防範和處理辦法(劉碧華,1995)。在休閒活動中,管理者和企劃者最關注風險管理的議題,不論是人為因素或是外在因素所造成的傷害,都會導致法律訴訟問題,使得主辦單位損失實體、財物及聲譽(Kraus, 1997)。建立一套良好的風險管理流程與策略是主辦單位的首要考量因素,不只可以降低不確定性意外事件的發生,而且可以提升工作人員的應變能力,減少主辦單位因風險所帶來的損傷。

第二節 ⚽ 兒童休閒活動風險管理的因應策略

一般人在生活的周遭環境,常常會遇到一些無可預測的風險,例如走路時會跌倒、煮菜時會燙傷、玩遊戲時會碰傷。然而,兒童休閒活動在執行時,更需要注重每位兒童的個人安全,以減少承辦單位的責任。在風險管理中,可依據意外發生頻率的高低和傷害嚴重性的輕重,做以下四種策略(Van der Smissen, 1990):

〈壹〉 規避風險

休閒活動必須要評估活動執行時的意外風險高低,如果活動本質的風險過高,並且易造成嚴重傷害,最好的策略就是停止或是變更活動,以規避活動風險發生的機率。由於兒童的運動控制能力和判斷能力較弱,所以關於控制性較高或是需要判斷的運動不要安排於活動中,避免兒童無法控制自我或物體,造成嚴重身體性傷害。例如,冒險性戶外活動需要高度認知和判斷力,或棒壘球運動需要高度的技能和力量控制。

貳 降低風險

　　休閒活動辦理會造成意外發生頻率高，但是傷害的後果不嚴重時，進一步需要考慮外在因素，並繼續進行活動，以降低風險發生。由於場地周圍有不良的情況（濕滑、坑洞、年久失修），在沒有注意的情況下，身體易受到傷害。例如，水上活動或是游泳指導活動，兒童容易忽略地面濕滑，互相追跑而跌倒造成傷害，指導人員應該選擇地面的防滑材質，以降低兒童在游泳池的意外傷害；或是從事直排輪教學時，要求每位學生戴頭盔、護膝、護肘等護具。

參 移轉風險

　　當休閒活動辦理意外發生的機率較低時，為避免意外，一旦發生會造成嚴重的傷害，可以事前安排適當的轉移分攤機制。有些活動需要到戶外，常常會有一些無法控制的外在風險，指導人員應該在活動之前做好風險發生的保險事宜。例如，休閒活動規劃需要登乘遊覽車到戶外教學或是旅遊時，都需要為每一位兒童購買保險，以減輕重大事故發生的醫療負擔。

肆 保留風險

　　休閒活動意外發生率低，同時兒童傷害嚴重性也較低時，活動應採取保留策略。例如大多數兒童在參與運動活動時，常會有不小心跌倒輕微擦傷、中暑或是輕微扭傷，指導人員應該給予適當的急救處理，當兒童身體復原無大礙後，鼓勵再繼續參與，不需要立即刪除活動或是改變活動進度。

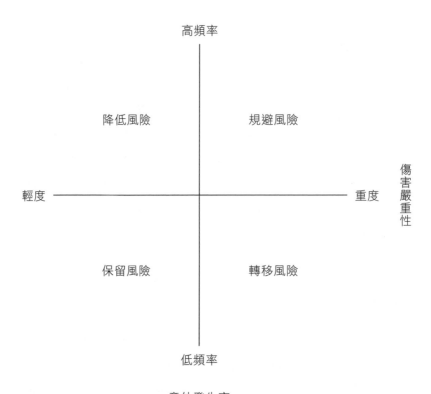

圖 9-1　風險管理策略

資料來源：鄭志富，1994，頁 35。

第三節 🌍 兒童休閒活動風險管理的建議

在休閒活動企劃與執行階段，風險的認知需要明確的界定，以及事先評估與防範，下列為降低休閒活動風險之建議方法（Kraus, 1997；彭小惠，2002；黃永寬，1995）。

壹 持續進行活動督導

在兒童休閒活動進行時，不論是任何水上活動、陸地活動或是戶外活動，一些具有風險性的休閒活動，指導人員必須隨時監督，並負起每位兒童在活動參與時的安全責任。另外，在休閒活動中指導人員所站的位置非常重要，他們需面對每位兒童，並且眼觀四方，以利於督導兒童的行動，如果看到兒童有違規的行為產生，應該立即制止，以減少危險傷害。

貳 場地器材定期檢測

有些提供兒童休閒活動的單位，在忽略場地器材的保養與檢視的情況下，很容易造成兒童參與活動時的傷害。另外，為兒童設計的休閒活動項目也需要配合不同的活動器材，如果沒有考慮到兒童的個別性需求，提供不適性的器材也易造成危險傷害。主辦單位必須定期檢測活動場地設施，並且提供多項的器材選擇，以確認場地器材安全無虞，以免造成兒童不必要的身體傷害。

參 適當活動課程規劃

有些主辦單位沒有良好的指導人員職前訓練制度，使得指導人員做休閒活動規劃時不瞭解各年齡階段兒童的特性，只依據自我喜好和教學認知，安排難度高的活動或是複雜的動作，使得有些兒童因無法勝任而導致身體的傷害。因此建立指導人員的職前訓練有助於專業性的休閒活動設計、符合適性的教學方法，以及風險應變處理的能力，並依據年齡階段、身體特質、個別需求、興趣喜好，設計休閒活動引起兒童的參與動機。

〈肆〉 設立緊急醫療程序

　　有些主辦單位沒有經費設立醫療單位或是聘請專業醫護人員，若在活動進行時發生重大意外，指導人員常常會驚慌失措不知如何是好。因此，主辦單位應要求所有全職和兼職工作人員具有合格急救證書和 CPR 訓練，並且鼓勵參與相關協會所辦理的急救傷害課程，以充實自我的醫療知識。另外，訂定組織內部的緊急救護程序、添購醫療用品與提供鄰近區域醫療單位的地址和電話是非常重要的，讓每位工作人員第一時間知道如何處理緊急狀況。

表 9-1　國立東華大學戶外體驗教育健康調查表

國立東華大學戶外體驗教育健康調查表

姓名（以正楷書寫）：

地址：□□□

本次活動您有沒有保意外險？　□有　　□沒有

您有任何生理條件（包括暫時或永久性）的限制嗎？　□有　　□沒有

若有，請說明：_____

您目前有以下的病史或症狀嗎？

　　□心臟疾病或心臟病　　　　　　　　□糖尿病

　　□心絞痛、心悸音或心臟雜音　　　　□血壓過高或有高血壓

　　□有心臟疾病、高血壓、中風的家族病史　　□中風

　　□氣喘　　　　　　　　　　　　　　□癲癇

　　□藥物反應　　　　　　　　　　　　□背部、頸部、膝蓋毛病

若您有勾選以上任一項目，請您說明：_____

您最近曾受過傷嗎？　□有　　□沒有（若有，請說明）：_____

請您列出其他我們需要注意的事項：_____

※請問經過評估後您認為自己是否可以參加戶外體驗課程？　□否　　□是

本人同意、授權_____（活動舉辦單位／機構名稱）使用或複製所

有關於本人參與課程期間被拍攝之照片、攝影、錄音資料，作為教學及研究之用途。

（不同意，請勾選）

□不同意

參加者簽章：_____　　契約保證人：_____

監護人或家長簽章（若參加者未滿 20 歲）：_____

日期：_____

問題討論

1. 列舉休閒活動或是運動會辦理時最常見的兒童傷害有哪些。

2. 何謂風險管理的概念？

3. 休閒活動承辦單位應使用哪些風險管理策略進行活動評估，以避免意外的歸屬？

4. 休閒活動專業人員要如何判斷意外發生頻率和傷害嚴重性？

5. 提出幾種妥善降低兒童休閒活動風險的建議。

6. 討論並列舉家長所認為的休閒活動風險因素。

第十章

休閒活動與運動
產業及其人力
資源趨勢

　　在臺灣的休閒與運動產業，隨著國人具有正面的休閒觀念而漸漸地擴大。行政院體育委員會、青輔會、勞委會於民國 90 年聯合舉辦運動休閒產業徵才博覽會，其目的是讓大專院校休閒與運動學系之相關系所，瞭解目前臺灣地區運動休閒產業的市場與就業方向。另外，行政院勞工委員會職業訓練局，也積極辦理「休閒產業活動指導員」之職前工作體驗訓練，提供休閒遊憩理論與技術實務相關課程，培育青年成為休閒活動指導員，以符合休閒市場人力資源之需求（93 年臺灣休閒產業展翼計畫）。所以，筆者希望透過本文，讓休閒與運動相關科系的學生能夠更具體瞭解自己需要具備哪方面的專業知能，讓自己更能掌握未來的出路和就業的方向。

　　休閒與運動產業的共同目標是「創造健全教育、塑造運動生活空間」（沈妙蓉，2003）。臺灣地區於民國 90 年經由行政院體育委員會、青輔會、勞委會，聯合舉辦運動休閒產業徵才博覽會。目前，臺灣地區運動休閒產業人才的需求，以運動休閒設施與運動指導的技術人員為最主要的需求，其次是運動旅遊和運動用品批發零售的人力資源。另外，大部分的運動休閒產業在徵才方面，主要以有大專院校經歷的人為優先考量（沈長振，2002）。美國休閒與遊憩學會（AALR）提及，在美國工作者一週平均工作 40 小時，其餘皆屬於閒暇時間。在美國，有三分之二的人認為從事休閒活動和運動比他們的工作還重要。所以，便造就了許多休閒與運動相關產業的工作機會，並針對休閒與運動產業領域綜合歸類三大範疇：戶外性產業、社區性產業、娛樂性產業（參閱圖 10-1）。

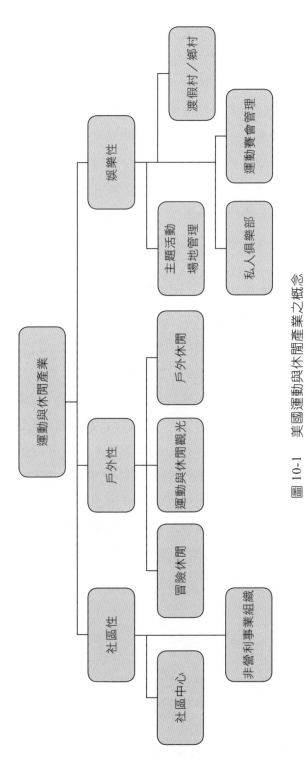

圖 10-1　美國運動與休閒產業之概念

第一節 ⚽ 戶外性活動

壹　冒險休閒與戶外休閒

　　意指具有風險性、挑戰性、壓力性的戶外遊憩活動和體驗探索教育，包括攀岩、登山、繩索課程、潛水、野外求生等，參與者能夠從這些活動中瞭解自己、克服自然環境。例如國家戶外領導學校（National Outdoor Leadership School, NOLS）、冒險世界休閒事業股份有限公司。

　　從事戶外性活動產業人才的專業知能可分為學科、術科課程和人格特質，學科和術科課程包括學科（休閒教育、解說教育、運動傷害急救預防處理、領導理論、危機處理等相關課程）和術科（戶外遊憩活動和體驗探索教育實務操作和精熟技能）。另外，個人必須具備領導能力、溝通協調能力、鑑賞大自然、判斷能力、成熟穩重、諮商能力，以及良好的體能與健康。

貳　休閒與運動觀光

　　意指遠離居住地和工作場所，旅遊到他處，參與運動活動或觀賞運動活動（Hall, 1992），運動觀光分為動態式休閒與運動活動（運動選手、休閒運動參與者）和被動式休閒與運動活動（觀賞競賽的觀眾、旅遊觀光客），藉以瞭解當地的風土民情、自然資源、運動休閒文化歷史，進而帶動當地的經濟發展和就業機會。例如時報育樂股份有限公司、休閒育樂中心。

　　運動觀光產業人才專業知能的學科和術科課程，旨在強調休閒服務課程（休閒與運動社會學、活動設計、解說導覽、商業遊憩、休閒與運動行銷等相關課程）。另外，個人必須具備溝通協調能力、表達能力、

團體動力規劃能力，以及良好的體能與健康。

第二節 社區性活動

壹 社區休閒中心

意指社區依據休閒中心的運動場地和設施，設計出多元性的休閒運動，以符合社區居民的需求。社區居民可以經由社區休閒中心所提供的休閒遊憩活動和運動，來增進彼此之間的感情，增進社交技能，並且提升個人的身體和心理全人健康。例如老人休閒會館、社區發展中心、縣市運動場。

從事社區性活動產業人才的專業知能可分為學科、術科課程和人格特質，學科和術科課程包括學科（休閒概念、體育教育、社會學、團體動力等相關課程）和術科（運動專長教學訓練與實務操作）。另外，個人必須具備精熟的運動技巧、耐心愛心、表達能力、活潑外向和活動企劃創造能力。

貳 非營利性事業組織

意指各非營利組織的成立宗旨是以非追求利潤、非財務導向為目的，組織內部的經費來源為政府補助、企業贊助、民間捐款。近年來，臺灣地區有許多非營利事業組織以服務青少年為主要對象，利用休閒與運動活動導正青少年的休閒觀念、提升自我概念、增加身體適能和瞭解自我潛能。例如金車文教基金會、白浪基金會、青少年公益組織、YMCA 和 YWCA 。

　　非營利性事業組織產業人才的專業知能可分為學科和術科課程和人格特質，學科和術科課程包括學科（非營利事業管理、活動設計、主題活動管理、風險管理、人力資源管理等相關課程）和術科（運動專長教學訓練與實務操作）。另外，個人特質必須具備人文關懷、社區關懷與參與、活動企劃創造能力、表達能力和高度熱誠。

第三節 娛樂性活動

壹 娛樂性活動管理

　　意指美國於 1950 年初期為二次世界大戰的退伍軍人在居家附近建設運動場所，以利於他們從事運動復健。運動場所經過了多年的發展，逐漸被娛樂性的運動和休閒活動所使用，並提供給社區居民作為從事運動觀賞和休閒娛樂的場所。娛樂性活動管理的工作性質包含管理（administration）、執行（operations）、行銷（marketing）和售票（box office）。Li、Song 和 Hancock（1997）研究發現，一位成功的娛樂性管理者的工作性質包括：(1)運動賽會訂位和行程的管理；(2)能有效的與客戶、職員和公共媒體做溝通；(3)能有效的做場地評鑑和服務；(4)場地執行的管理和發展；(5)公共媒體和廣告活動的行銷計畫。例如中華職業棒球聯盟、奧林匹克運動賽會、加州健身中心。

　　娛樂性活動管理產業人才的專業知能可分為學科和術科課程和人格特質，學科和術科課程包括學科（運動管理學、企業概論、風險管理、公共關係、行銷管理等相關課程）和術科（運動專長教學訓練與實務操作）。另外，個人特質必須具備組織能力、溝通協調、領導能力、談判能力和高度敏感度和自信。

貳 運動休閒主題活動和場地設施管理

意指在美國 1980 年以後,隨著經濟繁榮、科技發達和市場激烈競爭,活動有別於以往傳統非持續性和無主題,開始配合特殊節慶、地方資源、文化特色、自然環境設計運動和休閒活動(Roger, 2000)。例如宜蘭童玩節、彰化花卉博覽會、花蓮太魯閣馬拉松。

運動休閒主題活動和場地設施管理之產業人才的專業知能可分為學科和術科課程和人格特質,學科和術科課程包括學科(休閒與運動社會學、休閒與運動心理學、休閒與運動場地管理、風險管理、活動設計、行銷學等課程)和術科(運動專長教學訓練與實務操作)。另外,個人特質必須具備人文關懷、社區關懷與參與、活動企劃創造能力、表達能力和高度熱誠。

參 私人俱樂部和渡假村/鄉村休閒

意指早期 18 世紀,私人俱樂部是提供男性社交、飲酒作樂和討論事情的地方,漸漸的在 1915 到 1927 年改為收費會員制的健身、運動、社交俱樂部型式。另外,依據常態性,或是季節性,給予住宿服務,並設計多元化的活動,提供自我放鬆、享受快樂、找尋刺激和社會互動學習的場所。例如鴻禧高爾夫球俱樂部、花蓮兆豐農場、Club Med 渡假村。

私人俱樂部和渡假村/鄉村休閒產業人才的專業知能可分為學科和術科課程和人格特質,學科和術科課程包括學科(旅館管理、商業遊憩、企業管理、活動設計、風險管理等相關課程)和術科(運動專長教學訓練與實務操作)。另外,個人特質必須具備良好溝通能力、團隊合作技巧和高度熱誠。

隨著休閒活動的參與頻率之提升與正面的休閒觀念,使得休閒與運動產業的市場也漸漸蓬勃發展。休閒與運動產業領域綜合歸類三大範疇:

戶外性活動產業，包括冒險休閒與戶外休閒業和休閒與運動觀光；社區性活動，包括社區休閒中心和非營利性事業組織；娛樂性活動，包括娛樂性活動管理、運動休閒主題活動、場地設施管理、私人俱樂部和渡假村／鄉村休閒。在上述的三大範疇中，需依據不同的休閒與運動產業學習專業知能，以及具備不同的人格特質，以符合多元性休閒與運動產業的人力資源需求。希望藉以此篇文章，讓臺灣地區休閒與運動相關科系之學生能夠瞭解休閒與運動產業的市場，以及對於自我的專業知能之培養。

問題討論

1. 試說明為何運動與休閒產業有其需求性。

2. 討論並舉例說明臺灣運動與休閒產業的未來市場趨勢為何。

3. 概述運動與休閒產業中戶外性、社區性、娛樂性的範圍差異為何。

4. 探討不同性質運動與休閒產業人力資源的需求，以及所須具備之能力為何。

5. 分析臺灣運動與休閒產業的工作需求，你所具備的能力符合哪一類工作性質？

第4篇

兒童休閒活動應用篇

第十一章

兒童休閒活動
—— 運動賽會篇

第一節 ⚽ 運動賽會的活動設計

壹 運動賽會的目的

1. 透過運動賽會可增加親子間的互動關係,進一步使家長更瞭解幼兒在學校的學習情況,增進家長和老師間的溝通及聯繫。
2. 透過運動賽會可促進幼兒在身體及肢體上的發展,奠定幼兒日後對於各項運動的基礎(像是手腳協調、平衡感,以及各方面的發展)。
3. 透過運動賽會可增進幼兒自我能力的認知,使其瞭解自己的長處,提升幼兒的成就感、自信心,增加兒童對活動參與的熱忱。
4. 透過運動賽會可啟發幼兒的潛能,增加其想像力及創造力。
5. 透過運動賽會促進幼兒社會發展的模式,是教導孩子運動家精神及團隊間的互動。

貳 運動賽會的設計原則

一、依兒童的身體發展和年齡設計活動

兒童的身體發展由上至下、由內至外、由大肌肉至小肌肉,因此運動賽會遊戲的活動設計應以大肌肉活動為主。另外,不同年齡層的身體和心理發展有其差異性,運動賽會遊戲活動設計者須考慮兒童的個別差異,以提供適性的遊戲活動,讓每位兒童在愉悅中參與。

二、依兒童的興趣設計多元性的活動

辦理兒童運動賽會時,引起兒童的參與動機,必須依據兒童的語言

與興趣，設計兒童覺得有趣的活動，以符合幼兒化的遊戲，並且利用各種鮮豔顏色的器材吸引兒童的注意。

三、以表演性活動設計取代競賽性活動

辦理兒童運動賽會時，應儘量降低比賽的活動，在進行競賽項目時，不可避免會記錄名次，但是儘可能不以名次決定每位兒童的好壞。教導兒童從運動中學習運動家精神互助合作、競賽中隨時應注意守法的信念、從運動遊戲中注意性格的培養。另外，可以安排多一些表演性活動和遊戲性活動，表演活動以幼兒健康操或是律動舞蹈為表演項目，遊戲性活動以樂趣化的工作站為主要設計依據，兒童活動工作站以闖關通關的方式，讓每位兒童願意嘗試並獲得鼓勵。

四、以兒童安全為首要考量減少運動風險

辦理兒童運動賽會前，在規劃運動活動項目，必須考量每位兒童的身體狀況，在運動活動期間要觀察兒童的體適能狀況，隨時注意兒童的自身安全問題。另外，在選擇運動活動項目時，活動規劃者要選擇合宜的器材，以降低兒童發生運動傷害的風險。

第二節 ⚽ 運動賽會的賽程制度

壹 單淘汰式賽程

運動賽會比賽參與單位的隊伍數，在比賽進行時，失敗的一方會被淘汰出局，得勝的一方可以與其他獲勝的隊伍繼續比賽，一直到最後，只有兩隊進行總決賽，取得最後冠軍。單淘汰式的賽程計算方法為總場

數＝參賽隊伍－1。

(1) 參加隊伍為八隊
(2) 比賽制度：採單淘汰式賽程

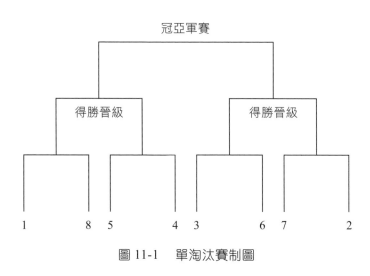

圖 11-1　單淘汰賽制圖

貳　雙淘賽式賽程

　　運動賽會比賽參與單位的隊伍數，在比賽進行時，失敗的隊伍皆可從「敗部」賽程中繼續，有第二次機會與勝部的隊伍爭取決賽權，原來得勝的隊伍在「勝部」中與其他得勝的隊伍進行比賽。雙淘賽式的賽程計算方法為總場數＝2×（參賽隊伍－1）。

(1) 參加隊伍為八隊
(2) 比賽制度：採雙淘汰式賽程

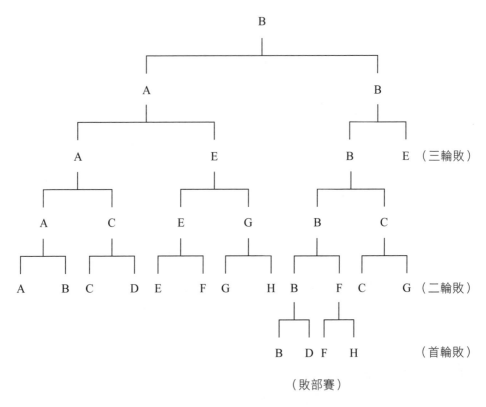

圖 11-2　雙淘汰賽制圖

參　循環式賽程（Round Robin Tournaments）

　　運動賽會比賽參與單位的隊伍數，在比賽進行時須循環互相對抗，每隊都必須相遇一次，稱為單循環；每隊必須相遇兩次，稱為雙循環。

(1) 參加隊伍為三隊
(2) 比賽制度：採單循環式賽程

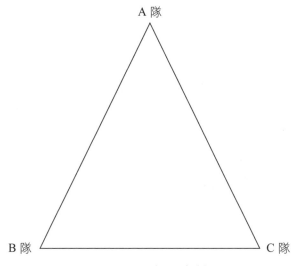

圖 11-3 單循環賽制圖

(1) 參加隊伍為五隊
(2) 比賽制度：採雙循環賽程

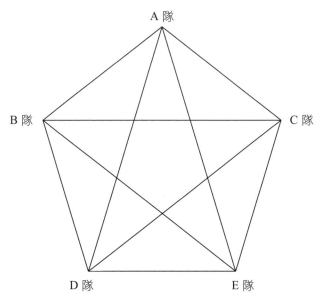

圖 11-4 雙循環賽制圖

問題討論

1. 試詳細向家長說明兒童運動賽會的益處。

2. 敘述運動賽會的執行目標。

3. 比較單淘汰賽制、雙淘汰賽制及雙循環賽制的優缺點。

4. 請畫出運動賽會桌球八隊雙循環賽制圖。

5. 設計親子運動賽會時,哪些活動項目符合親子共同參與?

第十二章

兒童休閒活動
—— 夏冬令營篇

第一節 ⚽ 夏冬令營的歷史

夏冬令營源起美國，由康乃狄克州的教師肯恩（Frederick W. Gunn）在 1861 年的夏天，率領孩童進行為期兩週的登山、健行、帆船、釣魚等戶外活動，以均衡孩童身心。之後被稱為「肯恩營隊」，每年的 8 月營隊會將孩童帶到一座森林的湖畔進行為期兩週的戶外活動，營隊持續進行長達 12 年之久。

夏冬令營主要是匯集一群人，共同學習或是體驗一段時期的經驗。透過一群訓練有素、專業熱忱、細心、有耐心的從業人員精心架構出能培養孩子潛能的相關課程，讓孩子在自然環境中關心別人。另外，孩子可以從克服困境中建立自信，在團隊競賽中與人合作，在學習過程中積累能力。而對國小學童而言，夏冬令營是兒童的香格里拉，不只提供學習技能、豐富成長經驗和享受活動樂趣；此外，兒童可從夏冬令營中學習團體合群、結交新朋友，以及訓練獨立自主。

第二節 ⚽ 夏冬令營辦理的組織單位

近年來，夏冬令營的類型五花八門、多元發展，各組織單位依據自我組織特色和理念目標，籌劃從室內到戶外、從水上運動到球類運動、從技擊運動到舞蹈運動、從科學到語文等不同類型和型態的夏冬令營，辦理夏冬令營的組織單位可以歸納為下列幾種型式（Kraus, 1997）：

壹 政府部門／公部門

由政府委託辦理或是提供補助款贊助各縣市政府及學校辦理的夏冬

令營，主要目的是協助政府執行青少年活動。

- 行政院附屬的部門：體育委員會、教育部、青年輔導委員會等。
- 各縣市政府的部門：教育局、社會局、農業局等。
- 公立學校：各縣市國小、國中、高中等學校。

貳 非營利事業組織

經費的來源一半由政府補助，另一半由參與者付費，主要目的是提供青少年正當的活動。

- 財團法人基金會：金車文教基金會、YMCA 基督教青年會、味全文教基金會等。
- 非營利事業中心：家扶中心、世界展望會等。
- 宗教團體：慈濟功德會、佛光山禪靜中心等。

參 商業性組織

私人企業出資、營運的夏冬令營，主要以營利為目標。

- 私人工作室：泡泡龍工作室、豆豆工作室等。
- 俱樂部：亞力山大俱樂部、加州健身中心等。
- 休閒渡假村：Yoho 渡假村、地中海俱樂部（Club Meb）渡假村等。

肆 安養中心、休閒治療中心

- 教養院：黎明教養院、畢士大教養院等。
- 醫院：各公私立醫院、醫學中心等。

伍 大專院校

由各大專院校或是各系所辦理的夏冬令營，主要目的是宣導學校及系所，讓青少年瞭解學校特色。

- 國立、私立大學。
- 國立、私立技術學院。

第三節 選擇夏冬令營的關注因素

壹 兒童的興趣

夏冬令營的種類繁多，許多家長會依據自己的期望與興趣，替兒童選擇他們認為適合的夏冬令營參與，而往往忽略了兒童實際的意願與興趣，造成有些兒童在心態尚未準備好的情狀之下，產些一些不適應的現象，無法達到參與的目標。因此，家長在選擇夏冬令營時，應該多瞭解兒童所喜愛的事物，並且多尊重兒童的意願，才能夠讓兒童快樂的持續參與屬於自己的夏冬令營。

貳 夏冬令營類型

夏冬令營的類型會依據主辦單位的理念與目標設計多元化的內容，救國團將夏冬令營分為下列幾種類型：知識研習、山野挑戰、健身養生、藝術才能、領導潛能、服務學習、休閒旅遊。美國國家夏冬令營協會將夏冬令營分為：普通型──多元化活動，例如山野戶外夏冬令營、水上活動夏冬令營等；精熟型──專注於單一專業科目的指導，例如游泳教學指導、足球教學指導等；學業型──寓教於樂教育性課程，例如生命

科學夏冬令營、英語啟發營、心靈成長營等；旅遊型——到居住區域外或是國外旅遊，例如青少年遊學夏冬令營、自行車環島夏冬令營等；特殊需求型——專為身心障礙設計的夏冬令營，例如畢士大教養院親子夏冬令營。

參 收費的標準

在美國，收費標準會依據夏冬令營的性質不同及住宿與否決定收費的多寡，兒童參與夏冬令營的天數從兩星期至八星期不等，收費標準會依據課程活動和課程地點做多變化的價格調整。一般而言，夏冬令營含住宿一星期大約收費為 US$400 至 $2,000；兩星期大約收費為 US$800 至 $4,000；四星期大約收費為 US$1,500 至 $6,000；整個暑假七至九星期大約收費為 US$3,000 至 $9,000。相較於臺灣地區，夏冬令營的收費遠低於美國。臺灣夏冬令營一般收費大概為一天收費 NT$500 至 $800；三至五天收費為 NT$2,000 至 $3,000；一星期收費為 NT$5,000 至 $8,000，因此家長應該審慎考量可以負擔的價格。

肆 活動地點

夏冬令營所選擇的活動地點必須考量兩個因素：便利性和安全性。活動地點的便利性，應考量家長接送時所耗費的時間、兒童發生傷害時送醫的時間、人力資源，以及與外界聯絡的方式。此外，活動地點的安全性，應考量夏冬令營所在的地點為開放式或是閉鎖式場地，如為開放式場地必須隨時注意兒童的活動範圍。

伍 活動課程

夏冬令營的活動課程五花八門，家長在為兒童選擇夏冬令營時，應

進一步瞭解活動課程設計架構、課程安排時段，以及課程聘僱師資。另外，活動課程的流暢性與專業性也會影響夏冬令營的品質。

表 12-1　YMCA 夏令營報名表

你喜歡何種夏冬令營型式？	☐ 普通 ☐ 精熟 ☐ 學業 ☐ 旅遊 ☐ 特殊需求	普通——多元性課程／活動，包括水上運動、表演藝術、自然生態等等。 精熟——著重於單一課程／活動的指導，包括籃球、網球、高爾夫球、攀岩等等。 學業——教育課程／活動，包括教育治療，國內或國外的教育性活動等等。 旅遊——國內或國外團體旅遊，包括青年旅遊團、野外探索、自行車旅遊、志工旅遊等等。
如果你有特殊需求，請勾選下列空格： ☐ 過動／注意力不集中 ☐ 學習障礙 ☐ 肢體障礙 ☐ 聽覺障礙 ☐ 過度肥胖 ☐ 其他障礙：☐		特殊需求——課程／活動專門為身心障礙兒童設計，其障礙特性包括過度肥胖、學習障礙、肢體障礙、聽覺障礙等等。
你喜歡何種夏冬令營的課程／活動架構？	☐ 傳統式 ☐ 半開放式 ☐ 開放式	無論是哪一種課程／活動架構，都依據一天 8 小時的時段設計課程內容，所有兒童都必須參與活動，並且被指導員監督。

課程／活動架構	指定必選課程時段	自由選擇課程時段
傳統式	6-7	1-2
半開放式	3-4	3-4
開放式	0-2	6-8

兒童參與課程／活動的能力層級？	◉ 高層級 ◉ 中層級 ◉ 低層級

第四節 ⚽ 如何適性的為兒童選擇夏冬令營

家長在為孩童選擇夏冬令營前,應以孩童為主,詢問下列問題:

壹 兒童的興趣

- 小孩的興趣為何?
- 你希望小孩從夏冬令營中學習到什麼技巧?
- 你希望小孩從夏冬令營學習與學校一樣的技能嗎?
- 夏冬令營如何鼓勵小孩正面行為和團隊互動?如何解決小孩的問題行為?
- 你的小孩準備好在外住宿?
- 你的小孩是否有在外住宿的經驗?

貳 夏冬令營類型

- 夏冬令營的課程種類?
- 指導者是否提供兒童參與夏冬令營的參考?
- 夏冬令營如何處理小孩離開家長的恐懼?

參 收費的標準

- 夏冬令營的收費標準?
- 提早離開夏冬令營是否提供退費標準?

肆 活動地點

- 夏冬令營活動地點的便利性？
- 夏冬令營活動地點的安全性？

伍 活動課程

- 夏冬令營活動課程架構的型式為何？
- 夏冬令營活動課程的安排時段為何？
- 夏冬令營活動課程是採取自由開放還是強調專精學習？
- 夏冬令營活動課程師資的專業性？

第五節 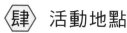選擇夏冬令營活動的整體指標

壹 主辦單位

- 主辦單位的整體評價是否優秀？
- 主辦單位組織是否健全？
- 主辦單位之聲譽及過去形象是否良好？
- 主辦單位的目標與理念是否符合活動？
- 主辦單位過去舉辦經驗口碑是否成功？

貳 活動設計

- 活動設計的整體評價是否專業？

- 活動行程是否流暢？
- 活動行程時間安排是否適當？
- 活動內容是否考量個別性需求？
- 活動內容是否具有風險性？
- 活動內容是否有活動計畫或教案？
- 活動帶領是否有專人負責？
- 活動帶領專業性是否足夠？

參 人力資源

- 工作人員（包括負責人、行政人員、指導者和輔導員）的整體評價是否良好？
- 工作人員是否素質良好，行為舉止是否端正？
- 工作人員是否具有專業及經驗？
- 工作人員與參與者的人數比例是否恰當？
- 工作人員是否具備正向的個人特質？
- 工作人員是否具有 CPR 證照？

肆 場地設施

一、夏冬令營整體場地是否適性？

- 場地是否具有獨立性？
- 是否提供適性的器材？
- 器材是否方便兒童取得器材？
- 是否具有基本活動設施如活動場地、營火場、球場等？

二、夏冬令營住宿地點是否清潔、安全、舒適？

- 住宿人數的配置如何？
- 衛浴設備是否衛生、充足？
- 浴室是否供應熱水？

三、夏冬令營的餐飲是否安全、衛生？

- 用餐環境是否衛生？
- 廚房設備是否健全、衛生？
- 廚師是否具有專業執照？
- 餐飲是否有人專門負責調理食物？

四、夏冬令營的醫療設備是否符合標準？

- 醫療設備是否足夠？
- 醫療人員是否具有專業證照？

〈伍〉 風險管理

- 夏冬令營是否訂定危機事故處理程序？
- 是否為參與者投保保險？
- 是否使用合格之遊覽車？
- 是否通過建築物安檢規格？
- 是否有適當的壞天氣應變措施？
- 是否確認兒童的健康安全？

範例四　國立體育學院時報旅遊灌籃高手籃球營

時間	第一天		第二天		第三天	第四天
07：00-07：30			起床盥洗		起床盥洗	起床盥洗
07：30-08：30			做早操 吃早餐		做早操 吃早餐	做早操 吃早餐
08：30-10：30			1. 熱身 2. 球感練習 3. 運球／傳球／投籃動作介紹及練習 4. 投籃比賽／趣味競賽		1. 球感、運球及傳球複習 2. 過人上籃訓練 3. 全場上籃訓練	龍爭虎鬥籃球賽（決賽）
10：30-12：00						頒獎結訓
12：00-13：30			午餐		午餐	
13：30-14：00			小隊時間		小隊時間	
14：00-16：30	認識環境 始業式		1. 運球及傳球複習 2. 上籃動作介紹及練習 3. 投籃練習		龍爭虎鬥籃球賽（初賽）	賦歸
16：30-17：30	身體適能檢測（體適能中心）				游泳放鬆	
17：30-18：30	晚餐		晚餐		晚餐	
18：30-19：00	小隊時間		小隊時間		小隊時間	
19：00-21：00	綠野仙蹤	星空夜語	綠野仙蹤	星空夜語	營火晚會	
21：00-22：00	洗澎澎		洗澎澎		洗澎澎	
22：00-	就寢		就寢		就寢	

範例五　國立東華大學後山活力小勇士夏令營

時間	第一天	第二天	第三天	第四天	第五天
07：00-08：00	準備	起床號～洗頭換面～跑跑跳跳			
08：00~08：30	活動	早餐時間			
08：30-10：30	始業式 認識你真好	街頭大挑戰 乒乒砰砰 彈無虛發 橫掃千軍 主修			大地遊戲 〈遊戲與分享學習成果〉 主修
10：30-12：00	校園巡禮 〈參觀東南亞占地最大學府〉 副修	氧天常笑 一杆進洞 扭腰擺臀 副修			成果展 結業式
12：00-13：00	午餐時間				
13：00-14：00	小隊時間				
14：00-16：00	運動傷害防護與急救 〈如何做事前的傷害預防及傷害發生時的處理〉 主修	灌籃高手 小勇士之役 小勇士網球 主修			珍重再見……
16：00-18：00	動感 2002 聞音起舞 〈舞蹈時間〉 副修	水上蛟龍 飛天轉盤 排山倒海 副修			
18：00-19：00	晚餐時間				
19：00-21：00	小勇士之夜 動感一百點	動感電影院 運動影片賞析心得分享	星光夜語 小隊時間	感恩之夜 凡走過必留下痕跡	
21：00-22：00	洗澎澎！				
22：00	蟲鳴晚安曲！明天見……				

範例六 【與 ICRT 五大 DJ 同遊】2005 新加坡暑期 英語夏令營

文化歷史之旅	伊莉莎白公園、魚尾獅公園、印度廟、牛車水、克拉碼頭
科技學習之旅	知新館
動物生態之旅	裕廊飛禽公園
環保生態之旅	植物園

DAY	上午 09:30-12:30	下午 14:00-17:00	晚上 19:00-21:00
1	啟程	抵新加坡，機場迎接，分配宿舍、說明會。	迎新晚會
2	分班測驗 室內課程	戶外教學。【植物世界】，植物園尋寶遊戲。	卡片報平安
3	室內課程	戶外教學。【生活百科】，購物中心（Suntec City）超市購物大比拼。	「財富之泉」雷射噴泉表演
4	室內課程	戶外教學。【沙灘嘉年華】，國際體能競技。	游泳活動
5	室內課程	戶外教學。【文化交流】，參加新加坡學校課外活動。	組屋區參觀
6	室內課程	戶外教學。【新加坡歷史之旅】，福康寧公園、國會大廈、萊佛士雕像、二戰紀念碑、魚尾獅、濱海藝術中心。	亞洲文明博物館
7	動物園	城市動態，烏節路漫遊。義安城、遠東購物中心、總統府、獅城大廈。	主題餐廳
8	聖淘沙	聖淘沙。空中纜車、單軌火車、蠟像館、海底世界、海豚灣、人工沙灘。	音樂噴泉
9	室內課程	戶外教學。【多元文化之旅】，佛教、回教、印度教廟宇及基督／天主教堂參訪。	新加坡河遊船
10	室內課程	戶外教學。【水上活動】，Wild Wild Wet 水上主題樂園水上競技。	英文日記

DAY	上午 09:30-12:30	下午 14:00-17:00	晚上 19:00-21:00
11	室內課程	戶外教學。【科學視窗】,新加坡科學館探索科學奧秘。	游泳活動
12	室內課程	戶外教學。【集體創作】,西海岸公園風箏製作及比賽。	總復習
13	室內課程總測驗,結業典禮	英語劇籌備。	惜別晚會

問題討論

1. 試描述夏令營的起源。

2. 目前臺灣舉辦夏冬令營的單位眾多，請依據單位特性進行分類。

3. 討論並列舉家長為兒童選擇夏冬令營時，哪些是家長關注問題。

4. 思索並試著回答家長所詢問關於選擇適性夏冬令營的問題。

5. 主辦單位在辦理夏冬令營時，須考量的整體指標？

6. 你是否擔任過夏冬令營的指導老師或輔導員？分享自我參與之經驗及其注意事項。

7. 試想你在某一個單位服務，設計一份符合你所服務單位的夏冬令營企劃書。

第十三章

兒童休閒活動
—— 俱樂部／
休閒渡假村篇

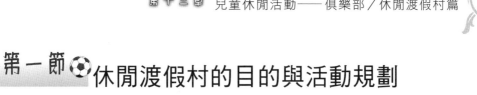

第一節 ⚽ 休閒渡假村的目的與活動規劃

　　為兒童設計活動漸漸成為渡假村吸引全家大小一同前來渡假的趨勢之一，除了讓家長有自己的時間安排活動，也能夠讓兒童透過渡假村中的活動和課程，達到學習和歡樂的目的。

　　地中海俱樂部（Club Med）為目前全球著名的休閒渡假村，自從1950 年在西班牙的小島上成立第一間渡假村後，陸陸續續在全球 40 多個國家成立將近 100 多個大型渡假村。地中海俱樂部主要是在小島上建立熱帶風情的渡假村，不論是哪一國或是哪一個年齡層的的觀光客，進入渡假村後儼然成為小型聯合國，全家人大手牽小手一起進入村中，並且依據各自的需求參與不同的休閒活動，大家都能夠悠閒盡情的玩樂、享受新穎的設備，以及參與多元性的水上活動、陸上活動和才藝活動。

　　地中海俱樂部規劃的休閒活動包括水上活動、陸上活動、才藝活動和其他夜間活動等（如圖 13-1）。

　　在地中海俱樂部中，有一群不同於服務人員的靈魂人物 G.O.（Gentle Organizers，友善的組織者），策劃、執行、指導各式各樣的活動，除了適合大人的冒險活動、水上運動及球類運動外，也為小朋友安排各式各樣的休閒活動，同時讓家長有自己的時間，可規劃參與俱樂部裡的其他活動，不需要擔心孩子沒人陪伴或是孤獨無聊。另外，還有專屬的工作人員（G.O.）帶著小朋友玩耍、吃飯和活動指導。目前地中海俱樂部將兒童分為三個年齡層，針對不同年齡層的兒童安排活動課程，包括水上活動，例如獨木舟、風帆或帆船等活動。

水上活動	陸上活動	其他
游泳池	高爾夫球練習場	G.O. 秀
水上有氧舞蹈	射箭	泳池邊競賽遊戲
浮潛	迴力球	迪斯可舞廳
風浪板	網球	黃昏古典音樂會
獨木舟	籃球	商店
水中排球	足球	棋藝室
沙灘排球	羽球	會議室
	桌球	卡拉 OK
	法式鐵球	網際網路
	健身房	SPA 按摩美容
	有氧舞蹈	
	伸展操	
	馬戲學校	
	室內體育場	

圖 13-1　地中海俱樂部的休閒活動

範例七　巴里島地中海俱樂部（Club Meb）

兒童俱樂部
・托兒 Club Med 對象為 2-3 歲小朋友但需另外付費、迷你 Club Med 對象為 4-10 歲，以及兒童 Club Med 對象為 11-13 歲。 ・小朋友們有獨立的活動區域，由 G.O. 帶領小朋友從事各項活動與課程。 ・包含馬戲學校、網球、迴力球、風浪板和帆船等。
在美國與臺灣也有一些休閒渡假中心設有兒童俱樂部，提供專屬的活動和遊樂場給不同年齡層的兒童參與，讓家長能夠安心的、自在的將兒童託付給渡假村中所安排的活動與課程，並且給自己一些時間享受渡假的樂趣。有些渡假村為了提升親子親密的互動，規劃一些家庭的遊戲活動，鼓勵親子共同參與，增進親子間的感情。

範例八　大使休閒渡假村（密西根州麥克愛倫島）

一、兒童俱樂部：2-4 歲

說故事時間：以童話故事、自創故事為主題，啟發兒童思考與創意的能力。

氣球與泡泡活動：透過五彩繽紛的氣球、氣球傘、泡泡遊戲為設計，提供兒童動作發展和樂趣化的活動。

泰迪熊野餐活動：戶外草坪野餐，攜帶各自喜愛的填充動物、娃娃和玩具聚在一起，讓兒童學習與他人分享。

二、兒童俱樂部：4-10 歲

以主題活動和課程指導為設計，包括球類指導、手工藝課程、野外解說、魔術週。

- · 手工藝 DIY 。
- · 戶外遊戲。
- · 說故事。
- · 遠足。
- · 健行。
- · 跑步。
- · 室內遊戲。
- · 餅乾製作。

三、兒童俱樂部：11-15 歲

以社交活動為設計，包括舞會、冒險性運動。

- · 游泳池舞會。
- · 攀岩、溯溪、騎馬。
- · 繪染 T-shirt 。

四、兒童俱樂部：全家活動

- · 傳統野餐活動。
- · 游泳池畔賓果活動。
- · 製作冰淇淋。
- · 草地遊戲。
- · 遊樂場。

範例九　蒙太奇溫泉休閒渡假村（加州拉古拿海灘）

兒童 Spa 日：	在游泳池畔，播放輕鬆的音樂，可自由使用 Spa 的設備。另外，設計配合不同性別的活動，女孩安排修指甲、擦指甲油、畫藝術指甲和髮型造型的活動；男孩則以髮型造型、身體按摩和運動指導為活動。
兒童烹飪日：	設計有趣的烹飪課程，學習如何烤蛋糕、做三明治和各國料理，並瞭解如何準備食材和裝飾技巧。兒童在完成不同烹飪課程後，可獲得結業證書並且邀請家長品嘗每道料理，增加親子互動的機會。
花園午茶日：	在大草坪上準備午後下午茶的宴會，兒童可在草坪上參與草地保齡球、馬鞍遊戲和英式板球。
體能健身日：	設計體適能課程，在運動方面，安排健走和慢走活動；在健康方面，則安排營養常識、海灘高低有氧舞蹈、戶外瑜珈和重量訓練。
沙堡創意日：	安排專業沙堡藝術專家教導兒童如何建造美麗的沙堡，提升兒童的創造力和想像力。

範例十　墾丁悠活渡假村

兒童俱樂部活動		
活動時間	活動名稱	備註
09:10-09:30	趣味摺紙	‧適合所有小朋友。 ‧4 歲以下請家長陪同。
10:00-11:30	砂畫小精靈	‧4 歲以下請家長陪同。 ‧每人酌收材料費 50 元。
14:00-16:00	拇指畫	‧適合所有小朋友。 ‧4 歲以下請家長陪同。
17:30-18:30	造紙大師	‧適合 6 歲以上小朋友。 ‧每人酌收材料費 50 元。
19:00-20:30	彩繪風鈴	‧4 歲以下請家長陪同。 ‧每人酌收材料費 120 元。

第二節　如何適性的為兒童選擇休閒渡假村

　　全家一起參與休閒渡假時，在選擇休閒渡假村前，應考慮下列問題
（Hoke, 1990; Makens, 1992）：

　　1. 休閒渡假村是否通過政府機構的安全標準檢查？

　　2. 休閒渡假村是否有依據各年齡層安排兒童活動？有一些休閒渡假
　　　　村提供托嬰服務，有些只針對 5 歲以上的兒童規劃活動。

　　3. 休閒渡假村是否有專業的指導人員？是否專業人員與兒童的比例
　　　　適當？一般而言，10-15 位兒童應該配置一位指導人員，有些風

險性較大的活動（水中活動、戶外探險活動）需降低兒童人數。

4. 休閒渡假村是否有嚴格限制活動地區？有些渡假村位於海邊，因此必須限制在無指導人員或是救生人員督導的情況下，自行前往或是自由活動。

5. 休閒渡假村是否有為來自世界各國的兒童，準備不同語言與文化的服務？

6. 休閒渡假村是否安排多元性的活動並以主題式活動呈現，符合每位兒童的需求與興趣？

7. 休閒渡假村是否提供健康訴求的三餐與點心？現在的兒童攝取過多高油、高糖、高脂肪的食物，造成許多肥胖和慢性病的問題。所以休閒渡假村除了安排運動指導課程外，也應注意兒童的飲食與營養。

問題討論

1. 如果你是家長，你希望休閒渡假村為兒童安排什麼活動？

2. 請問在規劃全家休閒渡假時，如何適性的為兒童選擇休閒渡假村？

3. 分享休閒渡假村中，你所參與過有趣好玩的休閒活動經驗。

4. 為休閒渡假村，開發或設計符合兒童的休閒活動項目。

參考文獻

一、中文部分

中時晚報（2002a）。臺灣 1/4 學童手腳不靈光。2002.05.04。

中時晚報（2002b）。兒童動作協調能力不足的問題。2002.05.04。

中國時報（2006）。國小學童肥胖平均總數比例高達四成。2006.02.08。

朱敬先（1992）。幼兒教育。五南圖書出版公司。

自立晚報（2002）。臺灣小胖體能落後日本兒童。2002.07.18。

行政院主計處（2006）。社會發展趨勢調查。

吳幸玲（2003）。兒童遊戲與發展。揚智出版社。

李丹、劉金花、張欣戊（1990）。兒童發展。五南圖書出版公司。

李麗珍（1994）。成人收看電視與體適能之關係。大專體育，15，87-92。

杜淑芬譯（1998）。休閒遊憩事業的企業化經營。品杜圖書。

沈妙蓉（2003）。運動休閒專家訪談——談運動休閒產業新希望。鞋技通訊，126，33-36。

沈長振（2002）。2001 年運動休閒產業徵才博覽會內容分析。運動管理，2，92-96。

汪宜霈（1999）。漫談感覺統合。高醫醫訊月刊，18（9）。

林晉榮（2004）。從動作發展看幼兒運動遊戲設計。學校體育雙月刊，14，49-58。

林曼蕙（1999）。豆豆健身房。聯經出版社。

林曼蕙（2000）。身體發育的基石——寶寶運動初體驗。Baby Hood 嬰兒物語，5，42-44。

林曼蕙（2001）。臺灣兒童的體能狀況。兒童保健雜誌 27，7（3），115-123。中華民國兒童保健協會出版。

林曼蕙、林春生、邱金松、賴合海（1981）。幼兒體力理論與實務。幼獅文化出版社。

林朝鳳（1994）。幼兒教育原理。復文出版社。

林翠湄譯（2000）。動作教學。心理出版社。

徐永博（2002）。感覺統合親子遊戲。媽咪寶貝，*3*（21）。

翁志成（1999）。學校體育。師大書苑。

高俊雄（2002）。運動休閒產業關聯。國民體育季刊，*31*（4），13-16。

高麗芷（1994a）。感覺統合上篇。信誼基金出版社。

高麗芷（1994b）。感覺統合下篇。信誼基金出版社。

涂淑芳譯（1992）。休閒與人類行為。桂冠出版社。

許義雄等譯（1997）。兒童發展與身體教育。國立編譯館。

彭小惠（2002）。風險管理應用於體育的理論與實務。中華體育，*16*（2），29-35。

程紹同（2004）。運動賽會管理。揚智出版社。

黃永寬（1995）。運動理論與實務。紅葉出版社。

黃永寬（2000）。論幼兒運動遊戲的價值。學校體育雙月刊，*10*（59），37-43。

黃永寬（2004）。幼兒運動遊戲教學之理念。學校體育雙月刊，*14*，25-35。

黃政傑（1996）。多元化的教學方法。臺北：師大書苑。

葉公鼎（2002）。論第一屆運動休閒產業博覽會的價值。運動管理，*2*，97。

葉智魁（1994）。「逍遙」與「schole」：莊子與 Aristotle 之休閒觀。戶外遊憩研究，*7*（3），79-89。

運動與休閒管理研究小組譯（2000）。休閒遊憩事業概論。桂魯出版社。

劉碧華（1995）。如何加強運動場地的安全管理。中華體育，*9*（3），8-14。

蔡特龍（1999）。如何安排休閒運動。臺灣體育，*106*，2-5。

鄭志富（1994）。學校體育的風險管理。臺灣省學校體育，*24*，35-39。

盧美貴（1988）。幼兒教育概論。五南圖書出版公司。

駱木金（1998）。幼兒身體運動機能發展的特性。國立臺中師範學院幼兒教育年刊，*10*，107-118。

聯合報（2005a）。臺灣新三不：不婚、不生、不立。2005.06.25。

聯合報（2005b）。父母希望孩子不要輸在起跑點上，兒童相關產業蓬勃發展。2005.06.29。

魏肇基譯（1965）。愛彌兒。臺灣商務印書館。

羅凱暘（2000）。國民教育九年一貫課程「健康與體育」領域決策過程研究。國立

臺灣師範大學體育研究所碩士論文，未出版，臺北。

二、英文部分

Ayres, A. J.（1989）. *Sensory integration and praxis tests*. Los Angeles: Western Psychological Services.

Bammel, G & Bammel, L.（1992）. *Leisure and Human Behavior*. Wm. C. Brown Publishers.

Carlisle C. S. & Cole S. L.（1996）. *Developmental Physical Education for Today's Children*. Dubuque, IA: Brown & Benchmark Publishers.

Coakley, J.（1990）. *Sport in society: Issues and controversies*. 4th ed. St. Louis: Times Mirror/Mosby College Publishing.

de Grazia, D.（1962）. *Of time, Work & Leisure*. New York: Vintage Books.

Dumaedier, J.（1974）. *Sociology of Leisure*. NY: Elsevier North-Holland.

Donaldson, M.（1978）. *Children Minds*. A. P. Watt Ltd.

Elliott, M. A.（1973）. *Therapeutic recreation service: an applied behavioral perspective*. Engle-wood Cliffs, NJ: Prentice-Hall, Inc.

Gallahue, D.（1988）. *Developmental physical education for today's children*. New York: McGraw-Hill.

Garcia, C.（1994）. Motivating fundamental motor skills learning in preschool children. *Journal of Sport and Exercise Psychology*, *16*（Suppl. 94）, s55.

Garcia, C., Garcia, L., Floyd, J., & Lawson, J.（2002）. Improving public health through early childhood movement programs. *Journal of Physical Education Recreation Dance*, *73*（1）, 27-31.

Hall, C. M.（1992）. Adventure, sport and health. In C. M. Hall & B. Weiler（Eds.）, *Special interest tourism*（pp.141-158）. London: Belhaven Press.

Hoke, D.（1990）. Kids "r" them. *Resorts and incentives*, pp.19-22.

Howard D.（1964）. *Creative leardership in recreation*. Allyn & Bacon.

Huss, A. J.（1988）. Sensorimotor and neurodevelopmental frames of reference. In H. Hopkins & H. Smith（Eds.）, *Willard and Spackman's occupational therapy*（7th ed.）（pp.114-127），Philadelphia: J. B. Lippincott.

Iso-Ahola, S. E.（1980）. *The social psychology of leisure and recreation*. Dubuque, IA: Wm. C. Brown Publishers.

Peterson, J. A. Hronek, B. B.（2003）. *Risk Management*. Sagamore Publishing.

Kelly, J.（1982）. *Leisure*. Englewood Cliffs, N. J., Prentice-Hall.

Kelly, J.（1985）. *Recreation business*. New York: John Wiley & Sons.

Kelly, J. M. & Kelly, J. R.（1987）. Later life satisfaction: Does leisure contribute? *Leisure Sciences*, 9（3）, pp.189-200.

Kraus, R.（2002）. *Recreation programming: a benefits-driven approach*. Allyn & Bacon.

Li, S., Song, T., & Hancock, W.（1997）. Managing innovation for growth and profit. *Journal of Training & Development*, 24（8）, 60-62.

Makens, J.（1992）. *Children at resorts: Customer service at its best*. Cornell Hotel and Restaurant Administration Quarterly, pp.25-35.

Marcus, B. H., Selby, V. C., & Rossi, J. S.（1992）. Self-efficacy and the stages of exercise behavior change. *Research Quarterly Exercise Sport*, *63*, 60-66.

Nader, P. R., Sallis, J. F., Broyles, S. L., McKenzie, T. L., Berry, C. C., Davis, T. B., Zive, M. M., Elder, J. P., & Frank-Spohrer, G. C.（1995）. Ethnic and gender trends for cardiovascular risk behaviors in Anglo and Mexican-American children, ages four to seven. *Journal of Health Education*, *26*（2. Suppl）, s27-35.

National Association for Sport and Physical Education（1994）. *Developmentally appropriate practices in movement programs for young children*. Reston, VA: Author.

Parten, M. B.（1932）. Social participation among preschool children. *Journal of Abnormal and Social Psychology*, *27*, 243-269.

Portman, P.（1996）. Physical Education for Preschool Children. *Teaching Elementary Physical Education*, *12*, 12-13.

Rubin, H. R., Watson, K. S., & Jambor, T. W.（1978）. Free-play behaviors in preschool and kindergarten children. *Child Development, 49,* 534-536.

Roger, L. C.（2000）. *Careers in recreation.* The American Association for Leisure and Recreation.

Sherrill, C.（1998）. *Adapted physical activity, recreation and sport: crossdisciplinary and lifespan.* McGraw-Hill.

Stillwell. J.（2002）. Know your learner. *Teaching Elementary Physical Education, 5,* 18-19.

Van der Smissen, B.（1990）. Tort liability and risk management. In B. L. Parkhouse （Ed.）, *The management of sport: Its foundation and application*（pp.164-184）. St. Louis, Missouri: Mosby-Year Book.

Willis, J. D. & Campbell, L. F.（1992）. *Exercise psychology.* Champaign, IL: Human Kinetics.

三、網路部分

http://www.yoho.com.tw

http://www.icrt.com.tw

http://www.laddercamp.com

http://www.ymca.com

http://www.clubmed.com

http://www. Montage Resort hotel.com

http://www.missionpointresorthotel.com

http://www.aavacampfinland.com

國家圖書館出版品預行編目資料

兒童運動與休閒活動設計／尚憶薇著. -- 初
版. -- 臺北市：五南圖書出版股份有限公
司, 2008.01
面；　公分
參考書目：面

ISBN 978-957-11-5013-0（平裝）

1.兒童教育　2.休閒活動　3.運動健康

523.13　　　　　　　　　96021349

1ISQ

兒童運動與休閒活動設計

作　　者 ─ 尚憶薇（476）

編輯主編 ─ 黃文瓊

責任編輯 ─ 李敏華　雅典編輯排版工作室

封面設計 ─ 杜柏宏

出 版 者 ─ 五南圖書出版股份有限公司

發 行 人 ─ 楊榮川

總 經 理 ─ 楊士清

總 編 輯 ─ 楊秀麗

地　　址：106台北市大安區和平東路二段339號4樓

電　　話：(02)2705-5066　　傳　真：(02)2706-6100

網　　址：https://www.wunan.com.tw

電子郵件：wunan@wunan.com.tw

劃撥帳號：01068953

戶　　名：五南圖書出版股份有限公司

法律顧問　林勝安律師

出版日期　2008年1月初版一刷
　　　　　2025年2月初版九刷

定　　價　新臺幣330元

全新官方臉書

五南讀書趣

WUNAN Books since1966

經典永恆·名著常在

五十週年的獻禮 —— 經典名著文庫

五南，五十年了，半個世紀，人生旅程的一大半，走過來了。

思索著，邁向百年的未來歷程，能為知識界、文化學術界作些什麼？

在速食文化的生態下，有什麼值得讓人雋永品味的？

歷代經典·當今名著，經過時間的洗禮，千錘百鍊，流傳至今，光芒耀人；

不僅使我們能領悟前人的智慧，同時也增深加廣我們思考的深度與視野。

我們決心投入巨資，有計畫的系統梳選，成立「經典名著文庫」，

希望收入古今中外思想性的、充滿睿智與獨見的經典、名著。

這是一項理想性的、永續性的巨大出版工程。

不在意讀者的眾寡，只考慮它的學術價值，力求完整展現先哲思想的軌跡；

為知識界開啟一片智慧之窗，營造一座百花綻放的世界文明公園，

任君遨遊、取菁吸蜜、嘉惠學子！